明日話したくなる
お金の歴史
おかねのれきし

清水書院

はじめに

　なにごとにもいえることですが、あまりにもあたりまえに身近にあるものには、ふだんはあまり関心をもたないものです。しかし、「もし貨幣（お金）がなかったら」と考えてみてください。

　とたんに不便になり、私たちは生活ができなくなってしまうでしょう。電子マネーやカードで買い物をしたり、仮想通貨が取引されたり、私たちの生活のなかには紙や金属の貨幣にかわるものが普及しはじめています。今後は貨幣に触れなくても、経済活動ができる場面がますます増えてくるでしょう。しかし、それは貨幣を必要としないということではありません。頭のなかで貨幣を想定しながら経済活動をしているのであって、ただ物質としての貨幣に触れていないということだけです。社会生活における貨幣の重要性は、今後も決して軽くなるということはないでしょう。

　人が自給自足生活をしていた時代には貨幣が必要ありませんでした。南海の孤島に流されてひとりで生活していたロビンソン＝クルーソーは、貨幣のことなど考えもしなかったでしょう。しかし生活をより豊かなものにするためには、自分にあまっているものをよその人に譲り、自分にたりないものをよその人からもらうという、交換が必要でした。そしてたがいに共通して価値を認めるものが考え出され、そこから貨幣が生まれました。

　そしてこの現代の 2020 年、人との接触や貨幣による経済活動が制限されるとどのようなことになるか、世界中の人たちが知りました。このように貨幣というものは、つねに人の社会生活とともにあり、人間生活とともに発展してきたのです。ですから貨幣の歴史というものは、人間社会の歴史の一側面をあらわしているのでしょう。

　この本は日本の貨幣の歴史について、貨幣出現以前の物々交換の時代からはじまって、現代にいたるまで、多くの興味深いエピソードをたくさんまじえながら、わかりやすく解説したものです。また、これまで紙幣に肖像が採用された人物の簡単な伝記もそえて、たんに貨幣だけでなく、広く日本の歴史にも興味がもてるようにしてあります。

　2024 年には紙幣が一新されることになっています。また、2021 年には 500 円硬貨も偽造されにくいものにかわることになっています。このように貨幣が更新される時期に、あらためて貨幣に注目してみましょう。

目　次

4

── この本に登場する紙幣にまつわるキャラクター ──

大黒さま
旧十円券（大黒札）から。
明るく、おっとりした性格。味噌田楽が好物。お供のネズミはずる賢い。

神功皇后
改造十円券（神功皇后札）から。
頭の回転が早く、いつも強気で男勝りな性格。一児の母。夕飯にアユの塩焼きを出しがち。

藤原鎌足
改造百円券（藤原鎌足）から。
やんちゃでおしゃべり。サングラスでつねに盛っている。お供の白キツネは恥ずかしがり。

しきぶちゃん
二千円券（紫式部）から。
控えめで静かだが、芯がある性格。猫大好き。モテる。

写真をご提供くださったみなさま

Alamy ／ ColBase：国立博物館所蔵品統合検索システム／ photoAC ／ photock ／朝日新聞社／アフロ／和泉市久保惣記念美術館／一葉記念館／岩倉高校／植彌加藤造園（うえや）／小田原市尊徳記念館／学校法人北里研究所／共同通信社／京都府立京都学・歴彩館／国立印刷局／国立歴史民俗博物館／佐賀県立名護屋城博物館／清浄光寺（遊行寺）／漱石山房記念館／造幣局／津田塾大学津田梅子資料室／奈良県立万葉文化館／奈良文化財研究所／新渡戸記念館／日本銀行金融研究所貨幣博物館／野口英世記念会／萩市／萩博物館／ピクスタ／広島県立歴史博物館／福岡市博物館／福澤旧邸保存会／報徳二宮神社／毎日新聞社／山口県文書館

この本（ほん）を読（よ）むにあたって

●この本の特徴（とくちょう）は、紹介（しょうかい）したエピソードの多くを、文献史料（ぶんけんしりょう）や貨幣（かへい）についてのたしかな書籍（しょせき）をもとにして書（か）いている点（てん）です。文献史料の古（ふる）いもののなかには、現代（げんだい）の私（わたし）たちには理解（りかい）しづらいものがたくさんあります。そのため、文献史料を引用（いんよう）するにあたっては、史料の厳密（げんみつ）な正確（せいかく）さよりもわかりやすさを優先（ゆうせん）し、漢字（かんじ）を仮名（かな）にするなど、表記（ひょうき）をあらためた部分（ぶぶん）があります。また、意味（いみ）を理解しやすいように、わかりやすい表現（ひょうげん）に置（お）きかえたりしています。

●掲載（けいさい）した写真（しゃしん）のうち、所蔵機関名（しょぞうきかんめい）などが記（しる）されていないものは、日本銀行金融研究所（にっぽんぎんこうきんゆうけんきゅうじょ）貨幣博物館（かへいはくぶつかん）から提供（ていきょう）されたものです。

●掲載した写真の縮尺（しゅくしゃく）は同一（どういつ）ではありません。

第1部

明日話したくなる
お金の歴史

古代から現代までの日本の貨幣の歴史を解説しますわ！

お金についての驚きのエピソードもたくさん紹介するぜ！

貨幣がなかったころ、人々は物々交換をしていた！

⬆黒曜石
火山岩の一種で、割ると断面がガラスのように鋭くなることからナイフや鏃、槍の穂先などの石器に加工された。日本では、北海道十勝地方、長野県和田峠、東京都神津島などで産出した。

▦ ほしいものを直接交換していた

貨幣のなかった時代、人々は必要なものを自分たちで生産する自給自足の生活をしていました。縄文時代には、石器の材料で産地が限定される黒曜石や乾燥させた保存食糧などを**物々交換**によって他の地域から手に入れることはありましたが、それ以外は、ほとんど自分の住んでいる地域でまかなえるものだけで生活していました。しかし、今からおよそ 2,500 年前の弥生時代からさらにヤマト政権の時代になると、自給できないものを物々交換で幅広く手に入れ、より豊かな生活が行われるようになりました。

物々交換とは、自分が所有する品物と他人が所有する品物とをお互いに取りかえることです。しかし、一口に物々交換といっても、自分が提供できるものと相手がほしがっているものとが一致しなければ、話はまとまりません。また、交換する品物の価値が同じであればよいのですが、その価値があまりに違う場合も物々交換は成立しません。だれもが例外なしにほしがり、だれにとってもその価値が共通であるものを持っていれば、交換の話はまとまる可能性が高くなります。このだれもがほしがるもの、共通の価値を持つものとして生まれたのが「貨幣」なのです。

交換しましょ！
魚がほしかったんだよ
交換しない？
魚はイラナイの
それと交換すると損しちゃうわ
うまく交換できるとはかぎらないわね…

貨幣となるものの条件とは？

貨幣は「だれもがほしがるもの」とお話ししました。それでは、貨幣にふさわしいものとはどのようなものでしょうか。

価値の高いものならだれもがほしがりますが、価値がきわめて高いものは一度手に入れたらだれもが手放そうとはしません。すると、かえって流通しなくなってしまい、貨幣としての役割をはたすことができません。また、広く流通させるためには一定の数量が必要なので、数が少なく貴重すぎるものも適していません。ダイヤモンドはだれもがほしがるでしょうが、全国に流通させるほどの数量を確保することができないので、貨幣にすることはできないのです。つまり、**ほどほどに価値が高く、広い範囲に流通するだけの数量を確保できるもの**でなければならないのです。そして、**運搬と保管が簡単にでき、質の均一さや価値の安定を保てる**ことが求められます。また、**必要な分だけを分離して、簡単に数えることができる**ことも必須条件です。さらに、見た目が美しければいうことはありません。このような多くの条件を満たすことのできるものが、貨幣にふさわしいものなのです。

布や米が貨幣の役割をはたしていた

どのような時代でも、人が生きるためにもっとも必要とするものは、「衣」「食」「住」にかかわるものです。住居は持ち運べませんから除外するとして、布や食糧はだれもが例外なく必要としていました。弥生時代からさらにヤマト政権の時代には、自給できないものを手に入れたい人は、**あらかじめ自分の持ちものを布や食糧などにかえておき、それを持って人の集まるところに出かけ**ていきました。つまり、**布や食糧が貨幣のように用いられていた**のです。そして、自分の必要としているものを持っている人を探します。そのように品物を交換したい人たちが集まるところを**市**といいました。

魚くださーい！

い、いいの？

魚くださーい！

持って帰れない…

邪馬台国について詳細に記述している『魏志』の「倭人伝」には、「国々に市あり、有無を交易し…」と記されていて、人々が市で物々交換していたことがわかるぜ。

米1俵の重さは時代によって違っていたの。江戸時代は約40〜50kgだったといわれていて、明治時代以後は約60kgもあったよ。

米ならみんながほしがるし長持ちするのだ

布や食糧のように、貨幣の役割を持つものを「物品貨幣」といいます。物品貨幣となる食糧のなかでは、だれもが必要とする米がもっとも重視されていました。米は、籾をつけたままなら長期保存も可能で、取り扱う量を自由に加減できるので、とても便利でした。ただし、重いため運ぶのに適していないという欠点がありました。また、注意深く保管しないと、ネズミにかじられたり、カビが生えたりすることもあります。その点、布は米に比べてはるかに軽く、長期保存も容易にできます。しかし、種類や品質がさまざまなため、米よりも交換条件の調整がむずかしいという欠点がありました。

そこでだれもが、**米や布にかわる、売買に適したものがないだろうかと考える**ことになります。

貨幣のない時代、役人のお給料はなにで支払われていた？

8世紀には唐の律令制にならって、日本でも大宝律令*やそれを改定した養老律令が制定され、租税として米や布を納めることが定められました。

米の税は「租」と呼ばれ、課税対象となる一人ひとりが個人の責任において、武蔵国や出雲国など、それぞれの国の役所である国府に納めることになっていました。つまり米は、地方財源の一つだったのです。都のある大和国に納めなかったのは、重くて遠くまでは運べなかったからです。それに対して、布の税は「調」と呼ばれ、原則として課税対象となる一人ひとりが都まで運んで納めました。つまり、布は中央財源の一つだったのです。実際には、「調」は布だけでなく、糸や綿などの繊維製品のほか、さまざまな地方特産物も含まれました。また、「庸」は本来、都での労働でしたが、布を納めることにかえることもできました。

このように、そのころの律令政府の財源は、布や米、地方特産物のほか、都の周辺国から徴発した人々の労働力でした。都で行政にたずさわる役人の給与は、おもに布や米などで支払われました。その布や米を、都の公設市場で自分のほしいものと交換していたのです。

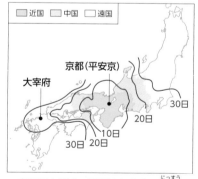

↑庸や調を都まで運ぶのにかかる日数
数字は、『延喜式』をもとにした行きの日数。帰りは荷物が少なくなるので、半分くらいの日数だったと考えられる。

*大宝律令
「律」は刑罰など司法のための法律、「令」は行政のための幅広い一般的な法律のこと。

世界最古のお金は、古代中国の貝貨だった！

古代中国では貝が貨幣として使われていた

東アジア世界で、歴史上最初に貨幣が用いられたのは、中国の内陸に存在した殷の国でした。そこで貨幣とされたのは、いわゆる「宝貝」（子安貝）の貝殻です。かつて貨幣として用いられていたことからそのように呼ばれ、豊産、繁栄、再生、富などを象徴する縁起のよい貝とされています。宝貝の仲間は、東アジアなら東南アジア諸国、日本なら沖縄のような亜熱帯の海に生息していました。海というものを見たことがない人のほうが圧倒的に多かった殷では、大変めずらしく、宝物として大切にされました。

宝貝は見た目も美しく、裏面をけずって穴をあけ紐を通せば持ち運ぶこともでき、保存も容易なため、貨幣にふさわしいものといえます。2cmくらいの大きさの貝殻が貨幣に用いられることが多く、「貝貨」と総称されています。経済活動に関係する漢字に、貝という字を含んだものが多いのは、その名残です。

殷（紀元前16世紀〜前11世紀）考古学的に実在が確認されている中国最古の王朝。第30代の紂王のとき、周によって滅ぼされた。

表　　　裏

↑貝貨は、裏面をけずって磨くなどの加工がほどこされた。

貝という字を含む漢字

貢・売（賣）・貨・貧・貸・貯・買・費・貿・資・賃・賄・賤・賠・賦・購・贈・貴・質・販

貨幣・貯金・費用・資本・貿易・賃金・賠償・購買・贈物など、お金に関係する熟語に使われているものが多い。

『竹取物語』にも登場している子安貝（宝貝）

『竹取物語』は日本最古の物語文学といわれています。そのなかで、5人の男性に求婚されたかぐや姫は、彼らの本心をはかるため、手に入れるのが困難な宝を探して持ってきてくれるよう頼みます。そのなかの一つが「燕の持っている子安貝」でした。平安時代から子安貝がめずらしい宝物の一つとされていたことがわかります。

☆周（紀元前 11 世紀〜前 771 年）
もともと殷の従属国だったが、紀元前 1046 年ごろの革命戦争（牧野の戦い）で殷を倒し、周王朝を開いた。

☆青銅
英語では bronze（ブロンズ）といい、日本では「銅像」という意味で使われることもある。一般的に銅像は青銅でつくられている。

現在使われている 10 円硬貨は、わずかに錫が含まれているから、「青銅貨」と定義されていますの。少しも青くないではないかと思われるでしょうが、それは錫の割合が少ないためですわ。

☆始皇帝（紀元前 259 〜前 210）
前 221 年に秦王政として中国統一を達成した。支配地全土に、文字・貨幣・度量衡などの統一を行い、のちの中国の皇帝政治の基礎を築いた。

■■ 周の時代に青銅製の貨幣が登場！

　その後の周（西周）の時代にも貝貨はあったのですが、貝貨の形をまねた**青銅（銅と錫の合金）製の貨幣が登場し、本物の貝貨はいつしか姿を消します**。

　銅の溶解温度は、約 1,100 度と高温ですが、溶解温度が約 230 度である錫を混ぜて加熱すると、不思議なことに約 880 度と低い温度で溶解することができます。加工の容易さから、金属では青銅が世界史上で最初に使用されました。

　紀元前 770 〜前 221 年の春秋・戦国時代になると、中国各地に有力な国が分立するようになりました。それらの国ごとに、**鋤や鍬の先のような形をした布幣、小刀のような形をした刀幣、蟻の顔のように見える蟻鼻銭、中心に穴のあいた円銭**など、地域によって特徴のある青銅貨幣がつくられました。

■■ 秦の始皇帝により中国の貨幣が統一された！

　紀元前 221 年に**秦の始皇帝が中国を統一する**と、全土を統一的に支配するため、国によって異なっていた**貨幣や文字、ものの長さや重さの単位（度量衡）が統一**されました。その結果、秦が統一前から使用していた円銭が広く使用されるようになりました。「半」「両」という文字が浮き出ていて、中央に正方形の穴のあいているこの貨幣は、「半両銭」と呼ばれています。「両」は重さの単位で、当時の半両は約 8 g でした。

　その後、前漢の武帝は同じ形の「五銖銭」と呼ばれる貨幣を発行し、これが以降の中国の貨幣の原形となりました。日本の古い貨幣も中国の貨幣にならったもので、**中央に正方形の穴のあいている江戸時代の貨幣の形は、秦の始皇帝に始まるもの**です。

　これらの青銅貨は、現在、古銭商で半両銭なら 1,000 円くらいから、刀幣なら数千円くらいから買うことができます。貴重な文化財ではありますが、博物館でガラス越しにしか見られないものではありません。

古代中国の青銅貨

蟻鼻銭
楚で使用された。表面にふくらみがあり、文字が刻まれている。貝貨をまねてつくられた「模倣貝貨」の一つ。

(Alamy)

刀幣
春秋・戦国時代の斉・燕・越などで使用された。

布幣
刀幣に先行して春秋・戦国時代に韓・魏・趙で使用された。

秦の半両銭
方形（四角）の穴があいていることから、「方孔円銭」と呼ばれる。

漢の五銖銭
「五銖」の銘が刻まれている。半両銭になかった外わくがある。

穴が四角い理由

溶かした青銅を鋳型に流し込んで貨幣を鋳造するときに、どうしても鋳型の外周に「バリ」と呼ばれる、はみ出した部分ができてしまう。そのため、棒に何枚も重ねて通し、周囲を砥石で研いで形をととのえなければならなかったのじゃ。
その際、丸い穴だと銭を固定できないから、穴は四角でなければならなかったのじゃ。

魏の円銭
魏では戦国時代後期から円銭を使用した。これは「円孔円銭」。

日本で最初の貨幣は、あの有名な和同開珎ではなかった？

⬆『日本書紀』
8世紀に編集された日本最古の歴史書。『続日本紀』『日本後紀』『続日本後紀』『日本文徳天皇実録』『日本三代実録』を合わせて「六国史」という。

職大紫位發戴咲弄之
七月丙戌朔己丑天　皇幸華蕖妃天津
律師岡以卒朝　日統願尼如法云云丙申遣多
裕使人等銭之廼四月戊午朔壬申詔曰自令
以後必用銅錢莫用銀錢乙支詔日用銀錢莫
戊寅多廣瀬龍田神六月丁巳朔己未大併地
望多飢寒位王及先祖等毎將有功必賜貨賓
壬申年勳績及先祖等毎將有功必賜貨賓丁

「以後必用銅錢莫用銀錢」の文字が見える。

🔲 日本には和同開珎よりも古い貨幣があった！

日本で最初につくられた貨幣は、一般には708（和銅元）年に発行された和同開珎であるといわれてきました。 8世紀ころの日本について記録した『続日本紀』という歴史書にはっきりと記録が残っていますし、なによりも実際に和同開珎が各地の遺跡で発掘されているので、そのように理解されていたのは自然なことでした。

しかし、『日本書紀』や『続日本紀』などの歴史書には、和同開珎より前に貨幣が存在したことを示すいくつかの記述があります。『日本書紀』の天武天皇12（683）年には、「今後は必ず銅銭を用い、銀銭を用いてはいけない」という天皇の詔が記されています。これは、**和同開珎発行の708年以前に銀銭と銅銭が用いられていたことを表しています。** しかし、この銀銭の使用を禁止した詔が出された3日後には、なぜなのかはわかりませんが「銀」の使用を許可する詔が出されているのです。「銀銭」ではなく「銀」なので、銀の地金を貨幣同様に使用することは認めるということなのかもしれません。

それを証明するかのように、『日本書紀』持統天皇5（691）年には、朝鮮半島から渡来した知識人たちに「人ごとに銀二十両」を褒美として与えたことが記されています。また、『日本書紀』持統天皇8（694）年と『続日本紀』の文武天皇3（699）年に

は、貨幣鋳造を任務とする役人の「鋳銭司」を任命したという記述もあります。このように具体的な記述がいくつもあることから、和同開珎以前に貨幣が鋳造されていた可能性を完全に否定することはできませんでした。

　近畿地方を中心に、「無文銀銭」と呼ばれる、直径約3㎝の模様のない銀の円板が120点も発掘されています。現在の500円硬貨のようなもので、中央に小さな穴があいています。これが『日本書紀』に記述された「銀銭」なのではないかという説があります。『日本書紀』には、天武天皇3（674）年には対馬（現在の長崎県）で産出した銀が、持統天皇5（691）年には伊予国（現在の愛媛県）で産出した銀が朝廷に献上されたことが記されています。これらのことからも、当時すでに銀の地金や銀貨が使用されていた可能性は十分にあるのです。

↑**無文銀銭**（奈良県石神遺跡出土）
厚さは2mmほど。表面に銀片を貼って重さを10gにそろえていたと思われる。
（写真提供：奈良文化財研究所）

日本最古の貨幣、富本銭の発見！

　江戸時代に発行された『和漢古今宝泉図鑑』（1694年）と、『和漢古今泉貨鑑』（1798年）という書物に、**「富」と「本」という文字が刻まれた貨幣の図**が載せられていました。当時からこの貨幣は、**「謎の古銭」**として、貨幣収集家の間でその存在が知られていました。そのようなことから、現代の歴史学者の間でも、いつか和同開珎より古い貨幣が発見されるかもしれないと期待されていたのです。

　そしてとうとう、和同開珎とは異なる古銭が発見されました。まずは1969（昭和44）年と1985（同60）年に平城京（710〜784）跡から、「謎の古銭」と同じように「富」と「本」の文字が刻まれ、**中央に四角い穴があき、7つの点が2か所に浮き出た銅銭**が発掘されました。しかし、それだけでは和同開珎より古い貨幣であるかどうかはわかりませんでした。

　その後、1991（平成3）年と1993（同5）年に藤原京（694〜710）跡から同様の貨幣が発掘され、**その貨幣が和同開珎よりも前から存在したことが証明されました**。さらに、1999（平

↑**『和漢古今宝泉図鑑』**
日本や中国の古銭を収録した、一般の収集家向けの本。

↑**富本銭**（奈良県飛鳥池遺跡出土）
直径は平均して約2.4cm、厚さは1.5mm前後。中央にある四角い穴の一辺の長さは6mm、重さは4.25〜4.59g。
（写真提供：奈良文化財研究所）

✿飛鳥池工房遺跡

飛鳥寺の東南の谷間で発見された飛鳥時代の大規模な工房。1991（平成3）年に行われた飛鳥池の埋め立て工事にともなう事前調査で、遺跡の存在が確認された。出土した木簡などから、7世紀後半から8世紀の遺跡と判明した。

✿木簡

文字などを書き記した木の札で、平城京跡などをはじめ全国各地で発見されている。役所間の連絡文書や記録、税の貢納物につけた荷札など、さまざまなものがある。古代史・文化史上の貴重な史料。

← 写真は、平城宮跡から発掘された西市交易銭の付札。（写真提供：奈良文化財研究所）

成11）年1月には、明日香村にある飛鳥池工房遺跡✿から33点もの富本銭が発掘されたのでした。しかも、そのなかには鋳型に流し込まれたまま、まだ仕上げ加工がされていないものもあったため、その遺跡が富本銭の鋳造所であったことまで確認されたのです。この場所はその天武天皇の宮である飛鳥浄御原宮のすぐそばに位置しています。発掘されたものから、各種の手工業技術を集めた総合的工房であったと考えられます。

また、富本銭が発掘された同じ地層から、700年ごろに建立された寺の瓦や、687年を示す「丁亥年」と書かれた木簡✿が出土したことから、『日本書紀』天武天皇12（683）年の「今後は必ず銅銭を用い、銀銭を用いてはいけない」という記述を裏づける可能性が高いと発表され、**富本銭が和同開珎より古い貨幣であることが確認された**のでした。学校の授業で、和同開珎が日本最古の貨幣であると習った世代の人にとっては、それまでの常識をひっくり返す驚くべき発見でした。

↓ 発掘された富本銭と鋳棹
富本銭の未完成品や鋳型、鋳棹、溶銅など、富本銭の鋳造時に生じた遺物が多数発見された。（写真提供：奈良文化財研究所）

↑ 飛鳥池工房遺跡（奈良県明日香村）
工房地区と工房群の管理地区で構成される。工房地区からは金属加工品、ガラス・水晶の玉類、漆器などが見つかった。
（奈良県立万葉文化館　提供）

▦▦深まる富本銭の謎…

　富本銭が和同開珎よりも古い貨幣であることはわかりましたが、これだけでは**富本銭が流通していたかどうかは確認できません**。1985（昭和60）年に平城京跡の井戸の底から富本銭が出土しました。これはたまたま井戸に落ちてしまったのかもしれませんが、井戸は古くから神聖なものと考えられていたので、宗教的な儀式で投げ入れられた可能性も捨てきれません。

　また、2007（平成19）年の藤原京大極殿南門跡の発掘調査で発見された遺構から、うつわ（須恵器）に納められた9枚の富本銭と9点の水晶が発掘されました。この富本銭は、飛鳥池工房遺跡から発見された富本銭とは別の鋳型でつくられたことがわかっています。**飛鳥池工房遺跡から発見された富本銭は「宀（うかんむり）」の「富」が刻まれ、藤原京で発見されたものは「冖（わかんむり）」の「冨」が刻まれています。さらに、7つの点が飛鳥池工房遺跡のものよりも大きく、重さも2.4g重いのです。**貨幣にとって重さとは、その価値にかかわる重要な要素ですから、適当な重さでつくられることは、本来はあり得ません。重さが違っていることにはなにか理由があるはずです。

　厭勝銭☆として鋳造され、特別に保存されていたという可能性も考えられます。また、まだ貨幣がめずらしかったため、流通していたものを厭勝銭としても用いた、広く流通するほどの数を鋳造しなかったなど、さまざまな可能性が考えられ、現在の段階ではまだよくわからないことが多いのです。それ以上のことは今後の発掘調査に期待することにしましょう。

↑**冨本銭と水晶がおさめられていたうつわ**
『日本書紀』持統天皇6（692）年に「藤原の宮地を鎮め祭らしむ」とあることから、地鎮のために埋められた可能性が高いと考えられている。（写真提供：奈良文化財研究所）

☆**厭勝銭**
「厭勝」とは、まじないという意味。お守りの一種で、貨幣として流通するものではない。災いを退け、幸運を招く一種の魔除けとして、または死者とともに埋葬するものとして、中国の漢代までさかのぼることができる。

現在の日本でも、亡くなった人の棺にお金を入れる風習として残っているわ。

「富本」とはどういう意味？
　「富本」という言葉は「富の根源」を表すめでたい言葉です。唐代の『芸文類聚』という本に出ている「民を富ませる本は食貨（食料と貨幣、つまり経済のこと）にあり」という故事に関係しているのではないかといわれています。また7つの点は、中国の五行思想にもとづく木・火・土・金・水の5つの惑星と日（太陽）・月を表している、あるいは古代中国で天帝（天上の最高神）の象徴とされる北斗七星を表すとも理解できます。

日本初の流通貨幣（通貨）、和同開珎の登場！

✿和銅

当時は「にぎあかがね」と読まれ、「熟銅」とも表記された。熟銅は精錬された銅のことで、この場合は自然銅を意味している。

↓古代の産銅国

石見国美濃郡
長門国
因幡国
美作国
武蔵国秩父郡
豊前国
備後国
備中国 備前国
周防国 山背国
相楽郡

■古代の産銅国（郡名が限定できる場合は郡域で示した）

■■ 平城遷都のきっかけとなった和銅の発見

　和同開珎の発行については、8世紀の歴史書である『続日本紀』に、「和銅元年（708）春正月…武蔵国の秩父郡が、和銅を**献上する。…そこで、慶雲5年を改めて和銅元年と年号を定めた**」と記されています。銅鉱（銅を含む鉱石）については、文武天皇2（698）年に因幡国（現在の鳥取県）や周防国（現在の山口県）から献上された記録がありますが、武蔵国秩父郡（現在の埼玉県秩父市）では、「和銅」が発見され、それが献上されたと記述されています。当時は、人民に幸福をもたらすよい政治が行われると、天がそれを祝福してめずらしい自然現象（「瑞祥」）を出現させると信じられていました。**和銅の発見は、年号をあらため（改元）、都を移し、本格的な貨幣を鋳造するほどの国家的慶事**だったので

年号（元号）はどのようなときに変わるのか

　年号や元号をあらためることを改元といいます。明治以降の日本では、天皇がかわるときだけ元号＊をあらためることが決められていますが、それ以前は天皇の即位以外に、おめでたいできごとや天変地異、瑞祥などでも年号が変えられていました。

　＊明治憲法が制定されるより前は「年号」と呼ばれていたが、それ以後は「元号」と呼ばれている。

す。和銅が献上された翌月には平城遷都の 詔 が出され、その半年後に和同開珎が鋳造・発行されました。

貨幣制度について日本に伝えたのは、**遣隋使・遣唐使、それに随行した留学生・留学僧**でしょう。唐の都長安で行われていた貨幣を媒介とした経済活動に驚き、**流通していた開元通宝を持ち帰った**と考えられます。帰国者の話を聞いた政権担当者は、日本でもいつか貨幣を発行したいと考えたことでしょう。そして、とうとう「和銅発見」によりその機会がやってきたのです。

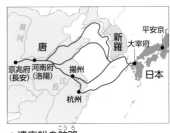

↑ 遣唐船の航路

↓ 和同開珎と開元通宝

大きさや形から、和同開珎は開元通宝にならってつくられたと考えられる。

和同開珎　　　開元通宝

■■ 和同開珎には銅銭と銀銭の２種類があった

和銅発見を契機として、年号も「和銅」とあらためたのですから、銅製の貨幣が発行されそうですが、和同開珎は、**まず銀銭が発行され、その３か月後に銅銭が発行されました**。しかし翌709年、『続日本紀』には「銀銭を廃止して銅銭だけを行わせる」と記されています。銀と銅の銭貨が同時に流通すれば、人々は銅より価値の高い銀を好むでしょうから、交換比率がはっきりしていないと円滑な流通の妨げになります。また増える発行数に銀の地金の調達が追いつかなかった可能性もあります。おそらくそのような背景があって、銀の和同開珎が禁止されたのでしょう。

銀銭が先に発行された理由はさだかではないが、それより前に無文銀銭（p.15）が流通しとったから、銀銭のほうが受け入れられやすいと考えたのかもしれんのう。

なぜ「和銅開珎」でなく「和同開珎」なのか

「和銅」への改元を記念して発行されたのに、新貨幣はなぜか「和同開珎」と名づけられました。理由の一つとして、「銅」の偏を省略したことが考えられます。偏と旁で構成される漢字の場合、偏があってもなくても同じ意味を表すことはめずらしくありません。古い例では、5世紀か6世紀に鋳造された隅田八幡宮人物画像鏡の銘文には「作此竟」（此の鏡を作る）と記されています。また、和同開珎には銀銭と銅銭があることから、銀銭なのに「和銅」ではおかしいので、あえて偏をつけなかったと理解することも可能です。

一方、銅とは関連づけず、「和同」はめでたい意味の言葉だからという説もあります。中国の古典には「天地和同」「万物和同」「上下和同」のように、「和同」を含んだめでたい熟語がいくつかあります。「和同」とは「なごやかに調和する」という意味なので、貨幣の名前にするのにふさわしい言葉と考えたのかもしれません。

銭1,000文を1貫と換算して、下級官吏は5貫あるいは10貫で位を一階、20貫で位を二階昇級させ、中・上級官吏はその都度、審議をするとされていた。

『類聚三代格』という法令集には、800（延暦19）年に出された「民が銭貨を蓄えて位を求めることを禁止する」という法律が記されているぞ。

貨幣の流通拡大をねらった蓄銭叙位令

　和同開珎は、各地の遺跡で次々に発掘されたことから、広範囲で大量に流通していたことがわかります。しかし、この時代にはまだ物々交換も行われていたことから、貨幣の定着と流通の促進をはかるため、711（和銅4）年10月、蓄銭叙位令という法律が出されました。それは一定数の貨幣を蓄えた者に位階を与えるというものでした。翌11月には、早くも叙位の行われた記録が残されています。もっとも実際に位を授けたという記録は、たった1例しかありませんが、なにしろ1,000枚単位の貨幣を蓄えなければなりませんから、和同開珎の流通量は相当多かったはずです。

　しかしそれは、裏を返せば流通量が減るということですから、流通促進をねらう法令自体に矛盾があったのです。そのため、和同開珎のあとも次々に新貨幣の鋳造が続いたり、個人が勝手に鋳造した贋金である私鋳銭が出回ったりしたこともあり、蓄銭叙位令を行うことが困難となって、この法令は廃止されることとなりました。

　また、和同開珎が発行された翌年には、早くも私鋳銭の製造に対する罰則を定めた詔が出されたという記録が残っています。しかし残念ながら、私鋳銭が減少した気配も、実際に刑が執行されたという記録もありません。どうやら刑罰は威嚇的効果をねらったものだったようです。

日本各地に広まった和同開珎

　『続日本紀』によれば、和同開珎の発行間もない712（和銅5）年10月、調・庸などの税を都まで運んだ人たちが、国に帰る途中で食糧がなくなって困っているので、交通の要所で貨幣により米を購入できるようにせよという詔が出されています。道中で食糧が買えるなら、荷物が少なくすんで助かるわけです。

　また、722（養老6）年9月には、伊賀・伊勢・尾張・近江・越前・丹波・播磨・紀伊の8か国の調を貨幣で納めるように定められています。このようにして、和同開珎は地方にも流通していったことがわかります。

古代日本では 12 種類も 貨幣が発行されていた！
― 皇朝十二銭 ―

■ 新貨幣は政治力を示すため発行された

　古代日本の貨幣のなかでは和同開珎がよく知られていますが、**奈良時代ころから平安時代には、和同開珎も含めて 12 種類の銅銭がつくられ、それらは「皇朝十二銭」と呼ばれています。**

　まず和同開珎発行の約 50 年後、万年通宝が発行されています。そのころ、政界で実権を握っていたのは藤原仲麻呂でした。彼は、和同開珎が発行されたときの実力者である、藤原不比等の孫にあたります。不比等は大宝律令を定めて施行し、のちにそれを改定して養老律令を定め、さらに和同開珎の発行、藤原京から平城京への遷都を行うなどして、律令政治の基礎をととのえた功労者です。仲麻呂はその孫である自分の政権の正統性をより明らかにしようとして、祖父にならって新しい貨幣を発行したと考えられています。このように、**古代において貨幣を発行するということには、大きな政治的な意図が隠されていたのです。**

⬆ 藤原仲麻呂（706 ～ 764）
奈良時代の公卿。光明皇太后（聖武天皇の皇后）の信任を得て、紫微中台（皇后に関する事務を行う役所）の長官に任じられる。淳仁天皇より恵美押勝の名を賜り、太師（太政大臣）となって権力をふるった。

⬆ 藤原不比等（659 ～ 720）
藤原鎌足の子。大宝律令の制定、平城遷都にたずさわる。娘が文武天皇夫人となって聖武天皇を生み、皇室との関係を深めた。聖武天皇の皇后光明子は後妻との間の娘。

宮廷内で強大な権力を握っていた藤原仲麻呂

　758（天平宝字 2）年、藤原仲麻呂は淳仁天皇（在位 758~764）から「恵美押勝」という名前とともに、本来は天皇・国家の専権である貨幣の鋳造権を与えられました。そして 2 年後、金銭の開基勝宝、銀銭の大平元宝、銅銭の万年通宝を発行します。このことからも、当時、藤原仲麻呂が宮廷内でとても大きな力を持っていたことがわかるでしょう。

『続日本紀』の天平宝字4（760）年3月16日には、「その新銭の文を万年通宝という。一つを以て旧銭の十にあてる」と記されてるぜ。

昨日

1枚でイイよ

ありがとう！

今日

10枚じゃないと売れないよ

昨日は1枚で買えたのに…

貨幣の価値が下がって、地金の価値のほうが高くなったため、貨幣を溶かす「破銭」が増えましたの。寺院が貨幣を溶かした銅で仏具をつくっていたらしく、984（永観2）年には寺社に対して、破銭禁止令が出されていますわ。

新貨幣の登場により、旧貨幣の価値が暴落

　新しい貨幣が発行されるにあたり、問題が発生しました。それは、新しい貨幣の権威を高めたいために、**万年通宝1枚の価値を旧来の和同開珎10枚分と定めた**ことでした。万年通宝が発行されたことにより、こつこつと蓄えていた和同開珎の価値が10分の1になってしまったのです。

　『続日本紀』の宝亀10（779）年8月15日には、奈良時代末期の光仁天皇（在位770〜781）が、それまでに発行された和同開珎・万年通宝・神功開宝の3つを等価とするよう命じたと記されています。しかし、『日本後紀』の延暦15（796）年11月8日に、平安時代の最初の天皇である桓武天皇（在位781〜806）が、新たに発行した隆平永宝1枚に対して旧銭10枚をあてるように命じたと記されています。このように、**新しい貨幣が発行されるたびに、それまで使われていた貨幣の価値が下がっていったので、人々は貨幣を信用しなくなってしまいました。**

貨幣の信用が失墜し、物品貨幣に逆戻り

　問題はそればかりではありません。**新しい貨幣が発行されるにつれて、銅の含有量が減り、そのかわりに安価な鉛の含有量が増え、形も小さくなっていった**のです。皇朝十二銭の最後となる乾元大宝にいたっては、鉛が75％も含まれるものもあり、重さは2.5gしかありませんでした。多少個体差があるものの、和同開珎は銅が84％含まれ、重さも3.75gあったのですから、品質が落ちたことがよくわかります。その結果、**ますます人々からの信頼がなくなり、貨幣は使われなくなっていきました。**

　こうして、せっかくはじまった日本の貨幣鋳造も、958（天徳2）年の乾元大宝で終了し、**和同開珎以前の物品貨幣へと逆戻り**してしまいます。そして12世紀後半に、平氏政権によって大量の宋銭が輸入されるようになるまで、物品貨幣の使用が続くことになるのです。

250年間にわたって発行された　皇朝十二銭

708（和銅元）年から958（天徳2）年にかけて，公式に発行された12種類の銅銭を総称して「皇朝十二銭」と呼んでいます。「皇朝」とは「天皇が朝廷において政治を行う国」、つまり「日本」を意味しています。

まず、名前を見て気づくことですが、和同開珎以外はみな最後が「宝」という文字になっています。また、ほかの3文字も縁起のよい漢字が並んでいて、どの貨幣にも国の繁栄とその貨幣の長期にわたる流通を願う思いが込められていることがわかります。「饒益」という見慣れない言葉もありますが、「饒」は豊かであること、「益」は利益という意味なので、人々に財が与えられるようにという願いが込められています。

万年通宝とともに、大平元宝（銀銭）と開基勝宝（金銭）も発行されましたが、実際には流通していなかったと考えられています。この2つを含めると、和同開珎から乾元大宝までの間に発行された貨幣は14種類、富本銭を含めると15種類になります。

①和同開珎
708（和銅元）年

②万年通宝
760（天平宝字4）年

③神功開宝
765（天平神護元）年

④隆平永宝
796（延暦15）年

⑤富寿神宝
818（弘仁9）年

⑥承和昌宝
835（承和2）年

⑦長年大宝
848（嘉祥元）年

⑧饒益神宝
859（貞観元）年

⑨貞観永宝
870（貞観12）年

⑩寛平大宝
890（寛平2）年

⑪延喜通宝
907（延喜7）年

⑫乾元大宝
958（天徳2）年

金貨がザクザク発見された宝の丘

日本初の金貨は、万年通宝とともに発行された開基勝宝です。江戸時代に奈良の西大寺の西塔跡から1枚発見されていたのですが、1937（昭和12）年に西大寺の西北にある丘陵を地ならししていたところ、31枚の開基勝宝と金の延べ板や金塊が発見され、大騒ぎになりました。そのため、一帯の地名はそれを記念して「西大寺宝ヶ丘」と名づけられています。

出典：国立博物館所蔵品統合検索システム
(https://colbase.nich.go.jp/collection_items/tnm/E-19576?locale=ja)

中世日本の**経済発展**の **きっかけとなった**のは、 あの**平清盛**？

おもな宋銭

皇宋通宝（こうそうつうほう）

元豊通宝（げんぽう）

熙寧元宝（きねいげんぽう）

元祐通宝（げんゆう）

おもな明銭

永楽通宝（えいらく）

洪武通宝（こうぶ）

日宋間における輸出入品

宋から輸入したもの	宋銭、絹織物、陶磁器、薬品、書籍、文具など
日本が輸出したもの	金、水銀、刀剣、扇、漆器、硫黄など

■■ 日本の経済活動を支えた渡来銭

　私たちが暮らす現在の日本で、アメリカのドルがあたりまえのように使用されているという状況を想像することができるでしょうか。現在の日本では、自国の貨幣が使用されていますが、日本の長い貨幣の歴史においては、**国内に外国の貨幣ばかりが流通していた時代があります**。

　「皇朝十二銭」（p.23）の乾元大宝（958〈天徳2〉年発行）を最後に、江戸時代にいたるまでの数百年もの間、日本では全国的に流通する公的な貨幣は発行されませんでした。時代でいえば、平安時代の末期から鎌倉（1185～1333）・室町（1336～1573）・桃山（1573～1603）時代にあたりますが、その貨幣が発行されなかった長い期間も経済活動はさかんに行われていたのですから不思議なことです。その**経済活動を支えていたのが、じつは外国の貨幣だったのです**。

　外国から日本に入ってきた貨幣を**渡来銭**といいます。渡来銭は、発行した国と流通した時期によって、大きく2つに分けられます。まずは平安時代の末期から鎌倉時代には、中国の宋（960～1279）という国の貨幣が流通していて、これは**「宋銭」**と総称されます。宋代には、中国史上もっとも多くの貨幣が鋳造されました。ついで、室町時代から桃山時代にかけては明（1368～1644）の貨幣が流通しました。これは**「明銭」**と呼ばれます。

貿易によって大量に流入した宋銭

平安時代末期から鎌倉時代には、日本と中国の間では正式な貿易は行われていませんでした。しかし、**民間商船の往来はさかんで、おもに宋との間で私貿易が行われました**。正式な国交はなくとも、日宋間で人やものの交流がさかんに行われていたことは、仏教の宗派である禅宗が宋から伝えられたことを思い浮かべれば、納得できるでしょう。

中国との交流の窓口であった博多の周辺では、考古学的発掘により11世紀に宋銭が流入していたことが確認されていて、宋の商人が持ち込んだことがそのはじまりと考えられています。そして、なんらかの機会にそれを入手した**日本の商人が、宋の貿易港で生活物資を購入したり、交換する商品の差額を宋銭で決済したり**していたのでしょう。やがて、日宋間の私貿易がさかんになるにつれて、**日本に大量の宋銭がもたらされるようになりました**。

↑ **博多湾周辺**
博多は古代以来、中国との交易の窓口として栄えた。

↑ **金印**
1784（天明4）年、福岡県の志賀島出土。「漢委奴国王」と刻まれている。57年に後漢の光武帝から授けられた。（福岡市博物館所蔵　画像提供：福岡市博物館／DNPartcom）

800万枚もの銅銭が積まれていた沈没船

1975年、韓国の新安郡曽島沖で一人の漁師が中国陶磁器を発見しました。その後、海底調査で船が発見され、1323年に中国から博多（および京都）に向かっていた貿易船であるということがわかりました。この船は、発見された場所から新安船と呼ばれています。

引き上げられた船には、中国の陶磁器や金属工芸品、日本の漆器や陶磁器、木簡などのほか、800万枚もの銅銭も積まれていました。当時の日本では銀や銅にくらべて金の価値が低く、逆に中国では金の価値が高かったため、日本の金と中国の銅銭を売買していたと考えられています。

↑ **韓国木浦市の国立海洋文化財研究所に展示された新安沈没船**（朝日新聞社提供）

← **新安沈没船から見つかった高級陶磁器**（国立光州博物館蔵、写真提供：共同通信社）

6
中世日本の経済発展のきっかけとなったのは、あの平清盛？

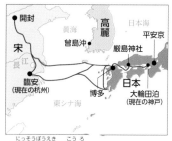

☝平忠盛（1096〜1153）
山陽・南海の海賊討伐により、白河・鳥羽上皇の信任を得て、昇殿を許された。備前国神埼荘の管理にたずさわったのを機に、日宋貿易に着手した。

↑ 日宋貿易の航路

平氏の勢力とともに拡大した宋銭流通

　この日宋貿易をさかんに行ったのが平氏政権です。平忠盛は、武家出身者ではじめて天皇の宮殿に上がることを許された人物です。平将門の乱（939〈天慶2〉年）後、平氏は伊勢国を地盤としていましたが、しだいに西国にも勢力を広げていました。それで、貿易の重要性に着目した忠盛は、宋との貿易で財をなし、一門繁栄の基礎を築きました。

　忠盛の息子である清盛は、太政大臣になると、現在の神戸市に大輪田泊という港を整備しました。貿易が本格化すると、宋銭はわずかに残っていた日本の在来貨幣を質・量ともに圧倒しはじめます。そして、平氏勢力範囲の拡大にともない、宋銭がますます流通するようになりました。

鎌倉時代の貨幣事情
―川に落とした銭を拾う―

　鎌倉時代の鎌倉にいた青砥藤綱という人の話です。幕府で裁判を担当する役職にあり、公平な裁きをすることで知られていました。
　ある晩、出勤する途中に滑川の橋で10文の銭をうっかり川に落としてしまった彼は、家人に50文で松明を買ってこさせ、ついに落とした銭を探し出しました。のちにこの話を聞いた人は、「小利大損かな」と笑いました。それに対して藤綱は、「おまえたちは世の中の銭のことを知らず、民を憐れむ心のない愚か者である。もし10文の銭を見つけ出さなかったならば、川の底に沈み、永遠に失われてしまった。松明代の50文は商人の家にとどまり、長く失われることはない。私の損失は商人にとっては利益である。商人と私になんの差があるだろうか。60文の銭を一つも失わなかったことは、天下の利益ではないか」と答えたのでした。
　この話は『太平記』という室町時代初期の軍記物語の35巻に記されていて、鎌倉時代の貨幣事情を反映しています。人々はつねに銭を持ち歩き、町に行けば夜でもものを買うことができたということがわかります。

そのような宋銭の流通は、文献史料によっても確認できます。『百錬抄』という歴史書の治承3（1179）年6月には、「最近は国中が『銭病』という病気になってしまっている」と、人々が物品貨幣より宋銭を争って求める様子が、比喩的な言葉で表現されています。また、九条兼実という公卿の『玉葉』という日記の同年同月の記録にも、「最近は宋銭がこの国においては、思うまま自由に売買に用いられている」と記されていて、政権にかかわる者は好ましく思っていなかったのですが、世の中では宋銭が流通していたことがわかります。

宋銭が人々に受け入れられた理由の一つは、日本の貨幣ではないということでした。古代の日本において、新しい貨幣が発行されるたびにそれまでの貨幣の価値が10分の1になってしまったということは前にお話ししました（p.22）。政府の命令一つで旧貨幣の価値が切り下げられる心配があったため、人々は自国の貨幣を安心して使用することができなかったのです。

しかし日本の貨幣でない宋銭は、朝廷にとっては個人が勝手につくった贋金と同じです。そのため、朝廷はしばしば宋銭流通禁止令を出しました。しかしこのことは、禁止令を出しても宋銭の流通を止めることができなかったということを表しています。

↑平清盛（1118〜81）
保元・平治の乱以来、後白河上皇を武力・経済力で支えた。1167（仁安2）年には武家として最初の太政大臣となった。孫である安徳天皇を擁立し、権勢を強めた。

✿『百錬抄』
冷泉天皇から亀山天皇即位まで（968〜1259年）を記した歴史書。作者は不詳。

■平氏の知行国（1179〜81）

↑平氏の知行国
『平家物語』には、当時日本にあった66の国のうち、30あまりが平家の支配下にあったと記されている。

←平家の守り神、厳島神社
平清盛は、広島湾に浮かぶ宮島にある厳島神社を信仰し、たびたび参拝した。1168（仁安3）年、清盛は寝殿造の様式を取り入れた社殿に修造。1996（平成8）年、厳島神社は世界遺産に登録された。厳島神社の建造物の多くが国宝・重要文化財に指定されている。また、平家の納めた平家納経をはじめとした国宝・重要文化財の工芸品が多数納められている。

貫は銭の枚数の単位で、宋銭は1枚1文で約3.75gなの。1貫は重さの単位にもなって、1貫は銭1,000枚だから約3.75kgということになるよ。

↑銭緡
実際には、97枚で1緡とする習慣があった。3枚分は緡の代金と手間賃とされる。（重要文化財広島県草戸千軒町遺跡出土品　銀塊　広島県立歴史博物館蔵・写真提供）

宋銭の流通によって発達した貨幣経済

貫高制のはじまり

　それまで農民の租税は米を中心とした現物で納められていましたが、宋銭が広く流通するようになると、荘園や公領の管理者である荘官や地頭が各地の市でそれを売って、**貨幣で領主に納める**ようになりました。また、**土地の価値は、その土地で収穫することのできる米などの作物を貨幣に換算し、「貫」という単位で表される**ようになりました。貨幣の単位によって土地の面積や税収を表す貫高制は、鎌倉時代の後期にはじまり、室町時代から桃山時代にかけて行われました。16世紀半以降、東海・関東地方の有力な戦国大名である北条氏や北関東の結城氏の領内では、とくに室町時代に明から渡来した永楽通宝という明銭に換算する貫高制が行われ、「永高」と呼ばれました。

金融業者の登場

　また、このころには「借上」と呼ばれる金融業者が出現しました。「山王霊験記絵巻」という絵巻物には、ある女性が借上から借金をする場面が描かれています。詞書（説明文）によれば、この女性は裁判のために京都から鎌倉に下ってきたのですが、なんらかの事情でお金に困り、鎌倉の小町というところの借上から

→「重要文化財　山王霊験記絵巻」
「山王霊験記絵巻」は日吉大社の由来やご利益などを描いた絵巻。赤い衣にくるまって困惑した表情をしているのが「女房」（貴族階級で主人につかえる身分の高い使用人）、縁側では侍女がお金を確認している。
（和泉市久保惣記念美術館所蔵）

20貫文借りることになりました。

　高額なものを売買する場合、宋銭を1枚1枚数えるのは大変なので、**貨幣を100枚単位で紐に通して、それを1緡とし、10緡を1貫文として計算**しました。この絵をよく見ると、侍女のそばには輪が5つあるので、使用人は5貫文（5,000文）のお金を運んできたようです。宋銭1枚は約3.75gあるので、5貫文では18kg以上あります。使用人一人では、これだけ運んでくるのがやっとだったのでしょう。「一遍聖絵」（「一遍上人絵伝」）という絵巻物の「福岡の市」の場面にも、人々が銭緡で買い物をする様子が描かれています。

為替の登場

　多額のお金を持って遠隔地に行く場合、運搬がとても大変なうえ、危険がともないます。そこで、「為替」とか「替銭」と呼ばれる制度がはじまりました。地元の「替銭屋」・「割符屋」と呼ばれる商人に**現金を払い込み、「割符」と呼ばれる証明書を発行**してもらいます。それを持って遠隔地まで行き、**現地の替銭屋に持ち込んで現金とかえる**のです。遠隔地に米を送る場合にも利用され、それは「替米」と呼ばれました。

　このように、この時代には経済活動のさまざまな場面に貨幣が登場するようになりました。

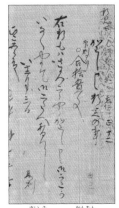

↑「割符」10貫文
紙に払い込んだ金額などが記されている。貨幣に比べて軽く、持ち運びに便利だったため、離れた地域間での支払いに使われた。（京都府立京都学・歴彩館 東寺百合文書 WEBより）

 ↘米をはかり売りしている人

 ↘銭緡で布を買おうとしている人

→「国宝　一遍聖絵」備前国福岡の市（第4巻）
時宗の開祖である一遍（1239～89）は全国をめぐり、踊りながら念仏を称える「踊り念仏」を広めた。「一遍聖絵」は、一遍の生涯を描いた絵巻。この絵からは、鎌倉時代には定期的に市が立ち、多くの人でにぎわっていたことがわかる。（清浄光寺〈遊行寺〉蔵）

鎌倉の大仏は宋銭でできている？

宋銭は売買の決済手段としてだけでなく、金属資源としての需要もありました。鎌倉時代、金属としての銅の値段は１kgで約900文だったと推定されています。宋銭１文、つまり宋銭１枚は約3.75gなので、同じ900文なら約３kgに相当します。質のよい宋銭といっても純銅ではないので単純な比較はできませんが、**要するに国産の銅は宋銭の銅と比べてとても高価だった**のです。そのため、金属としての銅を大量に必要とする場合は、宋銭を材料とすることがありました。

大量の銅が必要とされたできごととして思いあたるのは、1252（建長４）年にはじまった**高徳院の鎌倉大仏の造立**でしょう。高さが約15ｍもある東大寺の盧舎那仏（通称「奈良の大仏」）にはおよびませんが、鎌倉大仏も高さは11.3ｍもあります。宋銭には鉛や錫も含まれているので、もし宋銭を材料にしたのであれば、大仏の組成要素は宋銭と似たものになるはずです。そこで鎌倉大仏の材料となった金属について専門家が分析したところ、銅のほかに鉛が20％前後、錫が10％弱含まれていることが判明しました。この成分比率から、**鎌倉大仏の材料に宋銭を使用したと推測されています。**なにしろ宋銭は日本の銅の３分の１の価格なのですから、日本の銅を使うはずはありません。

また、大仏をジャッキで持ち上げて重さを計量したところ、120〜125ｔもあることがわかりました。宋銭1,000文＝１貫で3.75kgなので、**120ｔの仏像をつくるには、材料に余裕をもたせて、4,000万枚ほどの宋銭が必要**だったことになります。もちろんこれは計算上のことですが、莫大な宋銭が使用されたことがわかります。

↑大仏のつくりかた
❶木や竹などで大仏のだいたいの形をつくる。
❷その上に土を塗りかためて塑像をつくる。
❸塑像にあわせて土の外型をつくる。
❹外型と塑像の間に溶けた銅を流し込み、下から順に８回に分けて鋳造する。
❺銅像に金メッキをほどこして完成。
（東大寺大仏の例）

✿盧遮那仏
疫病や反乱などが相次いでいたため、仏の力によって社会不安を解消しようと、聖武天皇（在位724〜749）が大仏の建立を発願した。752（天平勝宝４）年に完成。座高が約15ｍ、重量は約250ｔ。

←鎌倉大仏
法然上人（1133〜1212）を開祖とする浄土宗の仏教寺院、高徳院の本尊。創建当時の事情などについては不明な点が多く、像の原型作者も特定されていない。かつては大仏殿があったが、室町時代に暴風や地震によって損壊した。（Alamy）

私鋳銭の増加で、貨幣流通が混乱！

日本に大きな利益をもたらした日明貿易

　室町幕府の３代将軍足利義満は、将軍職を息子の義持に譲ったあとも実権を握り続けていました。そして1401（応永８）年、義満は博多商人である肥富と僧の祖阿に国書を託し、明へ派遣しました。これに対し、明から臣従を認める勅書が届けられ、永楽帝 在位中の1404年から日明間の正式な貿易がはじまりました。

　当時の明は、大きな勢力を持っていて、周辺諸国に対しては対等な外交関係を認めず、明の皇帝に朝貢する形式の外交しか行いませんでした。しかし、**明からは日本の朝貢品よりも価値のある贈答品が下賜され、さらに船に積んできた品物も売ることができたので、この貿易は日本に大きな利益をもたらしたのです。**

　日本からの輸出品は銅・硫黄・金・刀剣・漆器などで、輸入品は銅銭・生糸・綿糸・織物・陶磁器・書籍などでした。**銅銭の原材料である銅を輸出し、製品としての銅銭（洪武通宝・永楽通宝・宣徳通宝など）を輸入していることに注目しましょう。**

⬆足利義満（在職 1368～94）
南北朝の合一をはたし、60 年におよぶ内乱を終わらせた。また、日明間の国交を樹立する。京都室町に花の御所を構え、出家後、北山殿（いわゆる金閣寺）を営んだ。

⬆永楽帝（在位 1402～24）
明を建国した朱元璋の４男で第３代皇帝。靖難の変を起こして甥の建文帝を廃して即位した。モンゴルやベトナムに遠征して領土を広げ、大帝国をつくり上げた。

明との貿易は、朝貢をきらった４代将軍義持のときに一時中断したが、６代将軍義教のときに再開され、1547（天文 19）年まで続いたんだぜ。

日明貿易開始の背景には倭寇の存在があった！

　室町時代の東アジアでは、米や人を掠奪したり、密貿易を行ったりする海賊集団の倭寇が暴れ回っていました。明の建国者である朱元璋は、日本に使者を送り、倭寇の討伐を要請します。

　義満が明との貿易を認められたのは、倭寇を鎮圧した功績によるものだと考えられています。

この時代は守護大名や戦国大名の力が強く、おもな銅山は諸大名に支配されていましたの。幕府は諸大名を統制する政治力と経済力を持っていなかったので、貨幣を発行することができなかったのですわ。

↑鋳写銭
渡来銭をもとにつくられた貨幣。鋳写（コピー）を繰り返してつくられたことから、文字が不鮮明なもの、小型で薄く、粗悪なものが多い。

貨幣需要の高まりとともに、粗悪な貨幣が増加！

　このころ明では、しだいに貨幣が銅銭から紙や銀にかわっていったため、国内でも銅銭の流通は宋代ほど多くなく、日本にもたらされた量も宋銭にはおよびませんでした。日本では、ますます貨幣経済が発達していましたから、需要に供給が追いつかず、慢性的に貨幣が不足していたのです。

　商品流通がさかんになり、**ますます大量の貨幣が必要になると、国内外で私的につくられた貨幣（私鋳銭）が流通するようになりました。**贋金は、和同開珎のころからつくられていましたが、室町時代にもっとも多くつくられました。個人が勝手に鋳造することから「私鋳銭」と呼ばれているのですが、そもそも室町幕府は正式な貨幣を発行しくいなかったので、私鋳銭をただちに「贋金」とは決めつけられないという考え方もあります。

　私鋳銭は、実際にある貨幣を使って鋳型をつくるのですが、金属は冷えて固まるときに収縮するため、本物より小さくなったり、型が摩耗して文字が不鮮明になったりしました。そのほか、銅にほかの金属を加えてつくったものや、形だけまねた文字のない無文銭など、品質の粗悪なものも少なくなかったのです。

　室町時代に私鋳銭がたくさんつくられた最大の理由は、明も日本も慢性的に貨幣が不足していたためなのですが、**銅の価格が下がったことも理由の一つでした。材料費が安くなった分だけ利益が見込めるので、私鋳銭をつくる人が増えたのです。**京都・鎌倉・博多・堺など、当時の経済活動の中心となる都市からは、私鋳銭を鋳造した鋳型などが発掘されています。とくに堺では、16世紀後半の文字のない無文銭の鋳型がたくさん発掘されています。

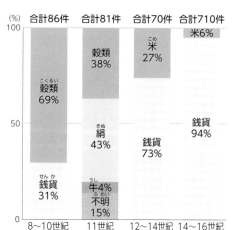

(%)	合計86件	合計81件	合計70件	合計710件
100				米6%
		穀類 38%	米 27%	
	穀類 69%	絹 43%	銭貨 73%	銭貨 94%
50				
	銭貨 31%	牛4% 不明 15%		
0	8〜10世紀	11世紀	12〜14世紀	14〜16世紀

←土地の売買契約書にみる貨幣の使用
12世紀以降、日本では売買に貨幣が使用される比率が高まったことがわかる。（貨幣博物館資料より作成）

円滑な貨幣流通のため、撰銭令を発令

現在の日本で流通している貨幣に、品質の悪い硬貨や破れそうな紙幣はありません。製造技術の発達により品質が統一されていて、そのような貨幣がつくられることがないからです。しかし、もし品質のよい貨幣と悪い貨幣が同時に流通しているとしたらどうなるでしょうか。だれでも品質の悪い貨幣を受け取りたくはないでしょう。

これは室町時代の人たちも同じで、**粗悪な貨幣がたくさん出回ると、質の悪い貨幣を拒否し、質のよい貨幣だけを受け取ろうとする人が出てきました。**そのようなことから円滑な貨幣の流通が妨げられることも少なくなかったので、私鋳銭や粗悪な貨幣の流通を禁止したり、粗悪な貨幣を流通させるときの交換比率などのルールを設けたりしました。**よい貨幣と悪い貨幣を選別するような行為を「撰銭」といい、撰銭を制限する法令は「撰銭令」と呼ばれました。**室町幕府はこのような撰銭令を、1500（明応9）年から1567（永禄10）年の間に17回も発しています。幕府だけでなく、大内・浅井・結城・北条・織田などの戦国大名や大寺社が発令したこともあります。

いちじるしく粗悪な貨幣を排除することは当然としても、どの貨幣をどのような価値や比率で流通させるかは、時期や地域や発令者によってまちまちだったのじゃ。

🔰 **撰銭令**
貨幣の流通を円滑にするため、質のよい貨幣1枚にあてる粗悪な貨幣の枚数、質のよい貨幣に混ぜてもよい粗悪な貨幣の割合などを定めたルール。

15世紀後半から16世紀にかけて出されたおもな撰銭令

大内氏の撰銭令
1485（文明17）年

> 段銭（税）は善銭（北宋銭）で出すべきだが、永楽銭・宣徳銭を100文のうち20文混ぜてよい。私的な金融や売買については、100文のうち30文混ぜること。

中国地方の有力守護大名である大内氏が出した日本最初の撰銭令。永楽通宝や宣徳通宝などの明銭については、2〜3割までは混ぜて使用してもよいとされています。大内氏は積極的に明と私貿易をしていたので、領内には明銭がかなり流通していたはずです。

室町幕府最初の撰銭令
1500（明応9）年

> 日本新鋳料足は悪銭として排除し、渡唐銭の永楽銭・洪武銭・宣徳銭は混ぜて使うこと。

当時の日本では、新たに鋳造された公的な貨幣はなかったので、「日本新鋳料足」は日本でつくられた私鋳銭と考えられます。わざわざ禁止するということは、私鋳銭が大量に出回っていたのでしょう。永楽・洪武・宣徳の明銭を通用させ、「日本新鋳料足」を排除するよう命じています。

織田信長の撰銭令
1569（永禄12）年

粗悪銭の売買を禁止する一方、従来は排除されていた宣徳・焼銭・下々の古銭は2枚で、欠銭・割銭・擦銭は5枚で、小さな銭を叩いてのばした「打ち平目」は10枚で良銭1枚にあてるなど、各種貨幣の価格の比率を公定し、円滑な貨幣流通をはかろうとしています。

世界中の銀の 3分の1が 日本で生産された!?

← **石州銀**
石見銀山産の銀で
つくられた銀貨。

Hivami（石見）、
Argenti fodina
（銀鉱山）という地
名が見られる。

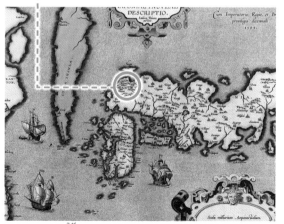

↑ **石見銀山が描かれている「日本図」**（ポルトガル宣教師テイセラ筆）（Alamy）

■■ 「銀鉱山の王国」日本

2007（平成 19）年 7 月、石見銀山遺跡は「石見銀山遺跡とその文化的景観」として、世界遺産に登録されました。島根県にある**石見銀山は、16 世紀から 17 世紀にかけて最盛期をむかえた日本最大の銀山**です。

神屋寿禎という博多商人が石見銀山を発見したのは、1526（大永 6）年のことであるといわれています。はじめのうちは石見銀山から掘り出した鉱石をそのまま朝鮮に運び、精錬していましたが、16 世紀前半に朝鮮から伝えられていた灰吹法という画期的な精錬法に熟練した技術者を博多から呼び寄せ、1533（天文 2）年から現地での精錬がはじまりました。

この灰吹法が石見以外の銀山にも伝えられると、戦国大名は石見銀山の開発をきっかけとして各地で鉱山を開発し、日本はたちまちにして世界的な銀産国となったのです。

17 世紀初頭には日本銀の輸出量は年間 200 t にもおよび、最盛期には世界の銀生産量の 3 分の 1 を日本の銀が占めていました。そのようなことから、当時のヨーロッパ人は日本を「プラタレアス群島（銀の島）」と呼びました。

世界経済を動かした日本の銀

　16〜17世紀、東アジアでは明を中心にして、銀が通貨となっていましたが、明で流通する銀はおもに輸入に頼っていました。**南蛮貿易がはじまると、ポルトガル商人によって日本の銀が明に輸出されるようになります。**ポルトガル船は明で生糸を仕入れ、日本に来航してそれを銀と交換します。そして、明にもどり、日本の銀を明の物産と交換し、それをヨーロッパに持ち帰って莫大な利益を得ていました。一方スペインは、現在のボリビアにあるポトシ銀山を開発し、大量の銀をヨーロッパにもたらしていました。

　このように当時は、東洋でも西洋でも銀が国際通貨となっていて、世界の銀生産の3分の1を占める日本の銀が、世界の経済・文化交流を促進させる重要な役割を持っていたといえるのです。

ヨーロッパへ

陶磁器、絹織物
アジア産の香料、
コショウなど

ポルトガル船

明

生糸
ポルトガル船

日本

銀
ポルトガル船

↑銀と商品の流通

8

世界中の銀の3分の1が日本で生産された!?

当時、日本では生糸の生産がほとんど行われていなかったから、中国産の生糸がとても重要だったの。とくに、上質のものは「白糸」といわれて大切にされていたわ。

石見銀山で行われていた精錬法「灰吹法」

　それでは石見銀山で行われていた、画期的な銀の精錬法についてお話ししましょう。「灰吹法」は、銀とよく溶け合って結びつく鉛の特性を生かした精錬方法です。

　自然界で、金・銀・銅などの金属が単体で大量に存在することはありません。みな鉱石として掘り出されるので、貨幣をつくるだけの金属を大量に得るには、まず鉱石から効率よく金属だけを取り出さなければなりません。この工程を「製錬」といいます。しかし、取り出された金属には複数の金属が混在していたり、不純物が混入していたりするので、そこからさらに純度の高い単一の金属を取り出す必要があります。この工程を「精錬」といいます。同じ「せいれん」なのですが、鉱石から貨幣の原料となる金属を取り出すのには、二つの「せいれん」の工程が必要なのです。ここでは、広い意味で「精錬」という言葉を使いましょう。

南蛮文化の足跡の残る言葉

このころの日本には、ポルトガルやスペインを中心とする「南蛮諸国」から、キリスト教をはじめとするさまざまな文化がもたらされました。南蛮から伝わり、現在も残る言葉に、合羽（capa）、ボタン（botao）、天ぷら（temperado）、カステラ（castilla）、金平糖（confeito）などがあります。

35

銀を精錬する　灰吹法

❶選別した鉱石から銀を含む金属を取り出す

まず掘り出した鉱石を、銀を含んでいる鉱石部分とただの石の部分とに分けます。選別した鉱石には、銀以外の鉱物も含まれているので、そこから銀だけを取り出さなければなりません。地面に大きな穴を掘って炉をつくります。そのなかに炭を大量に入れて火をおこし、金属を含んだ鉱石を入れると、鉱石のなかの金属が溶け出します。

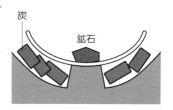

❷銀と鉛の合金をつくる

溶け出した金属に鉛を加えると、鉛と銀が結びついて合金ができます。その合金は、鉱石に含まれていた純度の低い鉄やその他の物質よりも比重が重いため、炉の底に溜まります。炉の表面に浮かび上がってきた不要な物質を何度も掻き出すと、炉の底に銀と鉛の合金（貴鉛）だけが残るわけです。

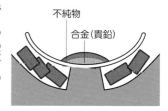

❸銀と鉛を分離して銀だけを取り出す

灰を敷き詰めた炉に貴鉛を置き、炭でおおって点火します。そして、炉の温度が上がると、貴鉛が溶けはじめます。鉛は空気中の酸素と結合して酸化鉛となりますが、表面張力が小さいため灰に染みこんでしまいます。しかし、表面張力が大きい銀は灰の上に球状になって残ります。こうして銀と鉛が分離し、銀だけを取り出すことができるのです。

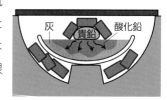

この工程を「灰吹」といい、取り出された銀を「灰吹銀」といいますの。こうして貨幣の材料となる銀が得られるわけですわ。

世界遺産「石見銀山」

　東西の文明交流に影響を与え、自然と調和した文化的景観を形作っているという点において、世界遺産としての価値が認められました。

　また、精錬に必要な大量の炭供給を安定的に行うための計画的な植林、山を崩さず、狭い坑道を掘り進めていく採掘法の採用など、自然環境の保護に努めてきたことも高く評価されています。

エピソード 9

世界最大級の大判金貨をつくった豊臣秀吉

■■ 金が大好きな「成り上がり者」

⬆豊臣秀吉（1537〜98）
織田信長に仕え、信長が倒された本能寺の変（1582〈天正10〉年）ののち、全国を平定。検地・刀狩などで全国統一を推進した。

豊臣秀吉⬆は、武士のなかでも最下級の足軽という身分の出身ですが、その才覚と強運により天下を統一して関白にまでのぼりつめました。いわゆる「成り上がり者」の典型で、とにかく派手なことが大好きでした。そして、**金銀財宝が思いのまま得られるようになると、身のまわりのいろいろなものに金を用いるようになりました。**

なかでもよく知られているのは、「黄金の茶室」でしょう。これは、壁・天井・柱・障子の腰などにみな金箔を押し、組み立てと分解が自在にできるようにこしらえられたものです。1586（天正14）年正月、正親町天皇に茶を献じるため、京都御所に運びこみ、黄金の道具を用いて茶会を行いました。翌年、京都北野天満宮で開かれた北野大茶湯でも用いられ、1592（天正20）年の朝鮮出兵のため肥前国（現在の佐賀県、長崎県）に出陣した折、名護屋城に運ばせて茶会を行ったことも知られています。

➡**黄金の茶室**（復元）
茶室の大きさは、幅と奥行きが約2.7 m、高さが約2.5 m。茶道具も黄金でつくられたものが用いられた。（京都市蔵、撮影：山木田時夫、佐賀県立名護屋城博物館提供）

37

天皇を城に招待した秀吉は、5日間にわたって管弦・和歌会・舞楽などでもてなし、さらに、銀5,530両あまりと米800石などを献上したぜ。秀吉の財力にだれもが圧倒されたみたいだな！

☆刀狩令
農民が一揆を起こさず、農業に専念するよう、刀・弓・鉄砲などの武器を持つことを禁じた。

金は柔らかく傷つきやすいから、純度を保ちつつ、加工しやすい柔軟さと適度な硬さを保つには、18金程度が最適だ。現在、一般に用いられている装飾品や万年筆のペン先も、多くが18金なんだぜ。

秀吉の大判金貨は日本初の計量貨幣

　そのような「成金」趣味の秀吉が金貨を発行したのは、天下統一が実現するよりも2年早い1588（天正16）年のことです。その年には後陽成天皇（在位1586～1611）が秀吉の城である聚楽第に行幸し、刀狩令☆が出されました。奥州の伊達氏と小田原の北条氏など一部の大名以外は、ほとんどが秀吉に屈服し、天下統一がもう目前にせまっている時期でした。**秀吉が発行した金貨は、そのときの年号をとって「天正大判金」と呼ばれています。**

　この金貨を製作したのは、室町時代（1336～1573）から代々幕府に仕えた彫金師である後藤家の一族です。秀吉の命を受けてつくられた金貨は、長さ143㎜、幅85㎜、重さは165gで、「拾両」と書かれていても、価値も重さも江戸時代の1両小判の10倍あるわけではありません。含まれる金の比率を示す品位は730（金が73％）に統一されています。現在では金の品位は、純金を24として表しますから、一般によく見かける18金は$18 \div 24 = 0.75$となり、金の品位は750というわけです。ですから天正大判金は、18金とほぼ同じ程度の品位ということができます。

　現在の通貨はそれぞれにすべて額面が決まっていますが、それまで日本でつくられた貨幣や渡来銭は、重さや品質が一定せず、額面の表示もありませんでした。また政府や権力者の政令一つで簡単に交換比率がかわってしまうこともありました。しかし天正大判金は一般に流通する貨幣ではありませんが、**額面も重さも一定している、日本最初の計量貨幣**だったのです。

10両金貨の価値はどのくらい？

　金の価格は変動するのであくまでも目安にすぎませんが、最近、18金は1gにつき6,000円前後で取り引きされています。品位73（金が73％）として計算すると、165g×0.73×6,000円なので、約72万円ということになり、銀も含まれているとして80万円程度でしょうか。このような高額貨幣が実際に流通していたとしたら、とても不便だったでしょう。

豊臣家が発行した3種類の天正大判金

それでは、天正大判金をよく観察してみましょう。表面には畳の目のような痕跡がありますが、これは「槌目」といい、金の板を鏨や槌でたたいて延ばすときにできる跡で、装飾の役目も兼ねています。右上部には発行された年を示す「天正十六」、中央部には金額と製作者名を示す「拾両　後藤」、さらに製作者である後藤祐徳の花押（サイン）が墨で書かれています。これは「墨判」と呼ばれるもので、本物であることを証明するものでした。**筆と墨で書いただけのものが消えずに残っているということは、通貨ではなかったことを物語っています。**

右の写真のように上下端には菱枠のなかに五三の桐紋（桐の花が中央部に5つ、左右に3つある桐の紋）が極印として打たれているものは、天正大判金のなかの「天正菱大判金」と呼ばれるもので、全部で4万枚も鋳造されたといわれています。

現在では、天正菱大判金は世界でわずか6枚しか確認されてないの。その1枚が、2015（平成27）年にスイスのチューリヒで行われたオークションで約1億円から競りにかけられ、最終的には110万スイスフラン（約1億4,300万円）で落札されたよ。

> **桐紋とは？**
> 桐の木は鳳凰の住む神聖な樹木と考えられていたので、桐紋は皇室の菊紋に次いで格式の高いものと理解され、足利将軍家、織田信長、豊臣秀吉らが好んで用いた。現在は日本政府の紋章として用いられている。

金を埋めて重さを調整している

実物大

↑**天正大判金（天正菱大判金）**
秀吉が後藤家につくらせた最初の大判金。重さ10両（約165ｇ）、長さ143mm、幅が85mmもある。

秀吉はこのほかにも、1595（文禄4）年に「天正長大判金」を発行しています。「天正菱大判金」より縦長で、長さが172㎜、幅が101㎜もある見栄えのよいものですが、重さや品位は「天正菱大判金」と同じです。ただし、花押は後藤徳乗になっています。

また、秀吉の子の秀頼が1608（慶長13）年に発行した大判金は「大仏大判金」と呼ばれています。徳川家康が豊臣秀頼の財力削減をねらい、秀吉が建立し倒壊してしまった方広寺の大仏再建をすすめ、備蓄していた金塊を大判金として放出させたものです。秀頼は家康のねらいがわかっていたことでしょうが、「故太閤殿下の御遺志を…」と言われると、拒否もできなかったのでしょう。このように**豊臣家が発行した大判金には3種類あり、天正年間の発行ではない「大仏大判金」も含めて、「天正大判金」と呼ばれています。**

実物大

「天正長大判金」は長い間、世界最大の金貨だったが、2004年にオーストリアで発行されたウィーン金貨（オーストリアの金貨）の1,000トロイオンス（1トロイオンスは約31.1g）に、その座を奪われてしまったのじゃ。残念じゃのう…。

←**天正長大判金**
重さ10両（約165g）、長さ172mm、幅が101mmもある。

「秀吉の金賦り」で一日に配った金貨は30万両以上！

天正大判金が実際に流通していなかったことは前にお話ししました。それなら天正大判金はなんのためにつくられたのでしょうか。

秀吉はその生涯で「**金賦り**」と称して、**大金を家臣たちに惜しげもなく分け与えたことがありました**。

1626（寛永3）年に儒学者の小瀬甫庵が著した『太閤記』（『甫庵太閤記』）には、次のように記されています。「天正13年初秋、秀吉は聚楽第の総門の南に台をすえ並べて金貨銀貨を盛り、朝から晩までかかって諸大名に金貨5,000枚、銀貨3万枚をほどこし与えた」ということです。この書物は秀吉が没した20年あまりあとに出版されたので、そのまますべてが事実か疑問の余地はありますが、話の大筋は事実でしょう。

2回目は1589（天正17）年5月20日で、『鹿苑日録』というたしかな記録によれば、聚楽第に親族や諸大名を集め、金6,000枚、銀2万5,000枚を与えたということです。別の文献には、このとき36万5,000両の金銀を配ったとも書かれています。その8日後の28日には待望の長男、鶴松が生まれましたから、内祝いを早めに行ったのかもしれません。ただし、鶴松は2年後には死んでしまいます。

このように**天正大判金はあくまでも秀吉の権威を誇示したり、恩賞として与えるためのものだったと考えられます**。1588（天正16）年には天正菱大判金がつくられていますから、2回目の金賦りでは、できたばかりの天正大判金が配られたことでしょう。

秀吉のこのような金銀の使い方については、いろいろ意見があることでしょうが、その生涯を調べてみると、ここぞというとき、家臣に惜しげもなく恩賞を与え、その意欲をかきたてることがしばしばありました。富を独り占めしないのはよいことなのですが、「金の切れ目が縁の切れ目」となりかねず、いずれ長続きしないことはあきらかです。

このとき配った「金6,000枚」が大判金だったとしたら、1枚80万円として、1日で約50億円も配っちゃったってこと!?

金銀の貨幣制度を日本で最初に統一した徳川家康

↑徳川家康（1542〜1616）
江戸幕府初代将軍。三河国の岡崎（現在の愛知県岡崎市）城主の子として生まれる。織田信長と結び駿河を支配し、のちに豊臣秀吉と和睦して関東を支配する。秀吉没後、関ケ原の戦いで天下を手中におさめる。

兩

↑天秤が釣り合っている様子を表している「両」の旧字体。
両は、本来は重さの単位として用いられていた。また、左右二つあることで釣り合うことから、「二つ」という意味が派生して「両手」「車輪」という言葉が生まれた。

金・銀・銭が使われた江戸時代の三貨制度

　日本では皇朝十二銭以降、長い間公的な通貨が発行されませんでした（p.23）。秀吉の天正大判金（p.38）も通貨とはいえません。そして 1601（慶長6）年、徳川家康がようやく金銀の通貨制度を統一し、全国に流通する貨幣をつくりました。さらに、3代将軍徳川家光の 1636（寛永 13）年に寛永通宝という銭の発行がはじまり、ここでようやく江戸時代の貨幣制度がととのえられました。銭の素材の大部分は銅なのですが、オリンピックのメダルのように金・銀・銅とはいわず、「金・銀・銭」といいます。

　現在は紙幣もありますが、江戸時代には公的な紙幣はありませんでした。ただし藩や旗本領内など、流通する範囲が限定される「藩札」や「旗本札」と呼ばれる特殊な紙幣がありました。

　現在の日本では、十進法の通貨単位である「円」が導入され、とても計算しやすくなっています。**江戸時代の貨幣単位は金貨・銀貨・銭貨で異なり、しかも十進法と四進法を組み合わせたもの**でした。金貨には大判金・小判金があり、おもに「両」が単位として用いられました。しかし、日常生活ではもっと細かい単位の貨幣が必要だったため、日用品の売買などには分・朱・文の単位が用いられました。分と朱はおもに金貨（のちには銀貨も）、文は銭貨の単位で、原則として銭1枚を1文と数えました。また銀貨については、「匁」という単位も用いられました。

江戸幕府の貨幣制度

1両（りょう）= 4分（ぶ）= 16朱（しゅ）= 4,000文（もん）なので、1分 = 4朱 = 1,000文、1朱 = 250文と、少（すこ）し計算（けいさん）が複雑（ふくざつ）でした。また、江戸時代初期（しょき）には銀貨は1両 = 50匁（もんめ）で交換（こうかん）されていました。

一両小判

豆板銀（まめいたぎん）　丁銀（ちょうぎん）

銀50匁

二分金

2枚

一分金

4枚

一分銀

4枚

天保銭（てんぽうせん）

40枚

二朱金

8枚

寛永四文銭（かんえい）

1,000枚

一朱金

16枚

一朱銀

16枚

寛永一文銭

4,000枚

■■ 貨幣の品質・流通を管理する組織の設置

徳川家康は、金銀の貨幣制度の統一に着手するとともに、全国の金銀鉱山を直轄化しました。そして、**貨幣をつくる技術を管理し、金貨・銀貨の製造体制を整備**します。

江戸時代には金貨、銀貨、銭貨の3種類の貨幣が用いられていたということはお話ししました。家康は、それぞれの**原材料の購入や鋳造、品質を管理する、金座・銀座・銭座と呼ばれる組織を**つくりました。現在の造幣局のようなものです。

金座は、大判以外の金貨の鋳造や管理を行っていた役所で、1595（文禄4）年、徳川家康が天正大判金をつくった後藤徳乗の弟子後藤庄三郎光次を京都から招き、小判を鋳造させたことからはじまりました。金座は江戸（東京都）・京都・駿府（静岡県）・佐渡（新潟県）の4か所に設けられましたが、のちに江戸に統合されました。金座があったあたりは、当時は本両替町という地名でしたが、現在は日本橋本石町になっています。金座の跡地には日本銀行（p.68）が建てられています。

駿府にあった金座のあたりには、静岡市葵区金座町という地名が残っていて、跡地には日本銀行の静岡支店があるわ。

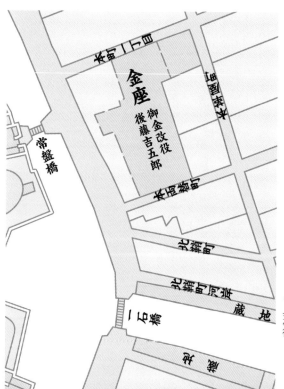

↑日本銀行
本石町という町名は、古くはこの地に米穀商が集まっていたことから、穀類を数える単位の「石」に由来して名づけられたとされている。（photoAC）

←江戸時代の金座周辺地図
金座の位置と後藤家が金貨の改め役だったことが記されている。

銀貨は東京の「銀座」でつくられていた？

　銀座は、金座と違って幕府直轄の貨幣鋳造所ではなく、幕府から許可されて銀貨の鋳造を行っていました。1598（慶長3）年、家康が京都の伏見に銀座を設け、堺の南鐐座から銀の精錬技術にすぐれた湯浅作兵衛常是（のちに大黒と改姓）を招いたことからはじまりました。銀座は、伏見・京都・大坂・長崎・駿府・江戸などに設けられましたが、直接製造にかかわっていたのは江戸と京都だけで、1800（寛政12）年からは江戸に統合されました。

　江戸の銀座は、現在の東京都中央区銀座二丁目のあたりで、明治時代に鉄道の起点となった新橋と、江戸の経済の中心地であった日本橋を結ぶ位置にありました。そのため銀座通りはにぎわい、「銀座」という言葉は繁華街の代名詞となりました。現在も全国各地の繁華街や商店街に「○○銀座」という地名が多いのはそうした理由があるのです。

　銭貨を鋳造する銭座も各地に設けられていましたが、多くは1700年代後半に廃止されました。現在も静岡市や長崎市などに銭座町という地名が残っています。

☝湯浅作兵衛常是
もとは堺の町人湯浅作兵衛で、慶長期以前は諸国から灰吹銀を買い集め、銅を加えて銀貨をつくっていた。南鐐座は堺にあった鋳造所で、「常是」は家康から与えられた世襲名。

金座と銀座は、1869（明治2）年の造幣局設立にともない廃止されたのじゃ。

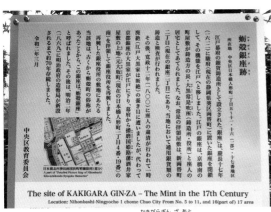

The site of KAKIGARA GIN-ZA – The Mint in the 17th Century
Location: Nihonbashi-Ningyocho 1 chome Chuo City From No. 5 to 11, and 16(part of) 17 area

↑日本橋人形町一丁目にある蛎殻銀座跡を示す案内板。

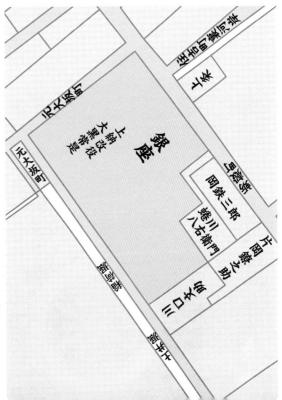

→江戸時代の銀座周辺地図
銀座の位置と、大黒常是が改め役だったことが記されている。

両替商のおもな業務

両替商は単なる両替だけではなく、預金の受け入れ、手形の発行や決済、金銭の貸し付け、為替など各種の金融業務を手広く営んでいました。また、両替商のなかには藩札の発行を請け負ったり、大名など領主の御用商人として、年貢米や専売品の流通にかかわったりする者もいました。

✿**本位貨幣**
その国の貨幣制度の基本となる貨幣。日本では1880年代までは銀貨が本位貨幣だったが、1897（明治30）年に金本位制が確立された。

■■ 現在の銀行にあたる両替商の登場

　現在、私たちが外国に旅行をする際、日本円をその国の通貨に交換することを「両替」といいます。この時代の「両」は小判金の単位でしたから、「両替」という言葉は「金1両を他の貨幣に替える」ことを意味していて、それを商売にしている商人は「両替商」と呼ばれました。

　とくによく知られた両替商には、呉服店から発展した三井、酒造業から発展した鴻池があります。三井は明治時代になってから第一国立銀行を経て三井銀行となり、その後、合併を繰り返して、現在は三井住友銀行となっています。鴻池は明治時代になってから第十三国立銀行となり、鴻池銀行を経て、合併を繰り返し、三菱UFJフィナンシャル・グループとして現在にいたっています。

　江戸時代の貨幣経済の発達には、両替商が不可欠な存在でした。それにはいくつかの理由があります。まず江戸時代には金・銀・銭の三貨が同時に流通していたのですが、どれかが本位貨幣で、他が補助貨幣というわけではなく、みなそれぞれに独立した貨幣でした。たとえるならば、円とドルとユーロが日本国内で同時に流通していたようなものです。ですから受け取りや支払いの事情に応じて、貨幣を交換する必要がありました。そのようなときに**両替商に貨幣を持ち込み、1〜2％の手数料を払って希望する貨幣に交換**してもらったのです。

「江戸の金遣い、上方の銀遣い」その理由は？

　江戸時代には、貨幣を使用した全国的な商品流通が活発に行われるようになっていました。「江戸の金遣い、上方の銀遣い」と称して、江戸ではおもに金貨が、上方（京都や大坂）ではおもに銀貨が使われていました。上方で銀貨が使われていたのは、石見銀山（島根県）や但馬銀山（兵庫県）など、おもな銀山が西日本にあったからです。また、佐渡金山（新潟県）や甲斐金山（山梨県）など、おもな金山は上方より江戸に近い地域にありました。ですから、江戸と上方で取り引きを行う場合は、相手に合わせて両替しておいたほうが、円滑に商売ができたのです。都市で生活をする人々にとって貨幣は不可欠なものであり、両替商はその人たちの経済活動を支えていたといえるでしょう。

江戸時代の経済活動を支えた両替商

　江戸時代の金貨は種類により大きさや重さ、額面が決まっている計数貨幣でした。しかし**銀貨は一つ一つが異なり、使用するたびに両替商で計算してもらう必要がありました**。このような貨幣を「秤量貨幣」といいます。もっともいちいち計量するのは手間がかかるので、**ある程度まとまった金額を両替商に持ち込み、紙で包んで金額を墨書して封印を押すと、両替商の信用によって中身を確認しなくても通用しました**。これは、「常是包」とか「包銀」と呼ばれました。のちに銀貨にも金額が一定している計数貨幣が登場しますが、いちいち数える手間をはぶくため、一定の金額をまとめた計数貨幣の包銀もさかんに流通しました。金貨を包んだ「後藤包」、「包金」と呼ばれるものもありました。

　この時代の金・銀・銭の三貨は、つねに相場が変動していたため、まとまった金額の取り引きの場合は、両替のタイミングによっては利益や損失が多額になることがありました。江戸時代初期には金1両＝銀50匁＝銭4,000文だった公定の相場が、18世紀はじめの元禄年間には、金1両＝銀60匁＝銭4,000文となりました。このように、**貨幣の品質や供給量により、相場は毎日のように変動していたのです。そのややこしい計算をしていたのが両替商なのです**。

　また、同じように「一両」と記されている小判金でも、鋳造された時期により金の品位（含まれる金の比率）や含有量が異なるので、使う立場とすれば、「同じ1両」なら、品位の低い貨幣を支払いに用い、品位の高い貨幣は使わないで貯めておくようにするものです。このようなことがあるため、**両替商は金の品位の確認もしていました**。そのための道具を「試金石」といいます。

　両替商では、貨幣の重さをはかるのに天秤と重さの基準となる大小の分銅（天秤のおもり）を使用します。分銅は、円形の左右が丸くえぐられた独特の形をしています。これは現在、銀行を表す地図記号として使われているのですが、江戸時代も両替商の看板にも使われるシンボルマークだったのです。

↑包銀、包金

両替商の信用にもとづいて、包み紙は封を切らずに取引相手に渡された。

↑天秤、分銅

銀貨は重さをはからないと使えなかったため、両替商には天秤と分銅が不可欠だった。

両替商が考えた遠隔地送金のしくみ

　いつの時代でも、多額の現金を持ち歩くときには、事件や事故に巻き込まれたらどうしようと心配になるものです。そのため、**安全に遠隔地に送金する為替というしくみが、鎌倉時代に考案されました**（p.29）。全国的な商品流通が発達した江戸時代には、**そのしくみがさらに大規模に行われるようになりました**。その様子を具体的な例でお話ししてみましょう。

　1690（元禄3）年、江戸の御金奉行が、「大坂御金蔵銀御為替御用」の役目を請け負う両替商を募集しました。大坂にある幕府の蔵屋敷🏠には、幕府の直轄領などから年貢米などの諸物資の売却代金や運上金🏠などが集められます。大坂御金蔵銀御為替御用とは、蔵屋敷からその何万両もの銀貨を受け取り（御用金）、2か月後に江戸の御金奉行に上納する役目です。それまでは、**上方から江戸まで東海道経由で現金を運んでいましたが、それを為替によって行おうというのです**。呉服商としてすでによく知られていた三井越後屋は、そのお役目を請け負うことにしました。

🏠蔵屋敷
諸藩や幕府の年貢米や特産物を保管・販売するための倉庫。江戸や大坂に多かった。

🏠運上金
商業・手工業・運送業者などに課した営業税で、貨幣でおさめる。

金をまく江戸時代の豪商、紀伊国屋文左衛門

　江戸時代の元禄期に、材木商から発展した紀伊国屋文左衛門という豪商がいました。彼は紀州みかんを江戸に運んで大儲けしたことでもよく知られています。ただし、この話は史実であるかどうか疑問が残りますが。

　『近世奇跡考』という書物には、次のような逸話が残されています。文左衛門は毎日のように歓楽街で大金を湯水のように使うので、「紀文大尽」と呼ばれていました。「紀文」は「紀伊国屋」と「文左衛門」の最初の一文字をとった呼び名です。彼の屋敷には毎日畳職人が7人も詰めていて、客を迎えるたびに新しい畳に敷きかえるほどの大尽ぶりでした。ある節分の日に、座敷で枡に入れた小判や小粒金を豆のかわりにまき、それを畳に這いつくばって拾い集める人々を楽しそうに見ていたというのです。しかし、晩年には没落し、出家して人知れず亡くなりました。

　右の絵は、歌舞伎「誉大尽金の豆蒔」の一場面で、中央の紀文大尽が、豆まきのように枡から小判をまく場面が描かれています。材木の売買で巨額の富を得た文左衛門には、金貨をばらまいたといった逸話が数多く残され、歌舞伎の題材にも取り上げられました。

三井越後屋の本業は呉服商ですから、商品は京都の西陣織や友禅染の絹織物、また丹後縮緬、河内木綿などの反物が多く、上方から仕入れることがほとんどだったことでしょう。商品が売れるのはおもに江戸ですから、売れた代金を上方に送り、次の仕入れに備えなければなりません。つまり三井越後屋の売り上げは江戸から上方に送金し、幕府の御用金は反対に上方から江戸に送るので、本来なら現金が行き違うことになります。

そこで三井越後屋は、**大坂にある幕府の御用金蔵から銀貨を受け取って仕入れ金に回し、江戸の店舗の利益から御用金を金貨で幕府に納める**ことにしました。しかも、幕府は為替手数料も両替手数料も払わないかわりに、大坂から江戸に送金する期限の2カ月間（のちに3カ月間）は、幕府に納めるべき御用金を運用して利益を得ることを認めるというおまけ付きです。こうすれば、**人手と時間をかけずに、しかも安全に、幕府と三井越後屋の両方に現金を納めることができる**のです。こうして三井越後屋は、幕府の信用を得ることによって、ますます両替商として発展したのでした。

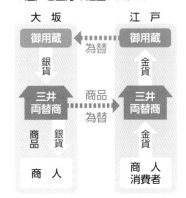

三井越後屋とは？

三井越後屋は 1673（延宝元）年に伊勢松坂の商人、三井高利が日本橋に開いた呉服店が起源です。その後発展して両替商となりましたが、本業の呉服店は明治時代には「三越百貨店」となりました。現在は日本橋三越本店として、本業が続けられています。屋号の「三越」は「三井越後屋」に由来するものです。

↓江戸と上方の送金システム

大坂		江戸
御用蔵	◄┄┄┄ 為替	御用蔵
銀貨		金貨
三井両替商	商品 ────► 為替	三井両替商
商品 銀貨		金貨
商人		商人 消費者

↑豊原国周「誉大尽金の豆蒔　紀文大尽」

江戸時代の庶民は めったに小判金を 手にしなかった!?

表　裏
↑元文小判金

↑色揚げ前後
（国立歴史民俗博物館所蔵）

▪▪ 小判がピカピカ光っていたのは薬のせい？

　小判金は、1枚1両の単位で数えられていました。表面は大判金と同じように、一面に槌目で飾られています。上下には扇枠に囲まれた桐紋、中央の上部には「壹両」（一両）、下部には後藤庄三郎の名前である「光次（花押）」の極印が打たれています。重さは約17.7g、長さは6～7cmが標準ですが、江戸時代末期には小さく軽いものもつくられました。

　色は純金のように見えますが、実際には金と銀の合金です。金の品位（割合）がもっとも高い慶長小判金（1601年発行）は857（金が85.7％含まれる）ありますが、元禄小判金（1695年発行）では564、文政小判金（1819年発行）では559しかありません。このように銀の割合が高いと黄金色にはなりません。

　そこで、薬品で表面の銀を取り除く「色揚げ」という化学処理をして、黄金色に見えるようにしていたのです。

←極印を打つ様子
極印は、品質の保証、偽造防止のために打つ印のこと。金を小判の形にととのえたあと、打たれた。

改鋳政策が裏目に出て経済が大混乱

見かけだけでは小判金の品位がわからないことを利用して、5代将軍徳川綱吉のときに、幕府の財政難を乗りきろうとするある試みが行われました。幕府財政の監査役である勘定吟味役の荻原重秀の発案により、**金の品位の高い慶長小判金2枚に銀を加え、3枚の小判金がつくられたのです。**これにより1.5倍の数の小判金をつくることができましたが、その結果、金の品位は564（56.4％）になってしまいました。この小判金は、つくられた年の年号をとって「元禄小判金」と呼ばれています。しかし、ここまで品位が下がってしまうと、いくら色揚げをしても黄金色に光ることはありませんでした。

そこで、幕府は割増金をつけて慶長小判金を元禄小判金に交換することを奨励しましたが、なかなか思うようにはいきません。良質の金貨と悪質な金貨が同時に存在するとき、だれもが良質の金貨を手もとに残し、悪質な金貨は使ってしまおうとします。逆に、自分が受け取るときには良質な金貨を要求し、悪質な金貨を避けようとします。その結果、円滑な流通が行われなくなってしまったのです。たしかに**幕府の収入は一時的には増えましたが、悪質な金貨がたくさん出回ったことで貨幣の価値が下がり、その分、物価が上昇し、経済が混乱する事態に陥ってしまいました。**次の6代将軍徳川家宣の世になると荻原重秀は罷免され、かわって政権を担当した新井白石により、品位を元にもどした正徳小判金がつくられたのです。

日常生活では使いにくい小判金

小判金は1枚だけでもかなり高額な貨幣なので、日常的な買い物には使い勝手がよくありません。米価や労働賃金など換算するものや時期によって異なりますが、現在の貨幣価値に直せば、8〜10万円になります。そのため4分の1の一分金、8分の1の二朱金がありました（p.43）。しかし、それでも日用品を買うに

✿徳川綱吉（在職 1680〜1709）
上野国館林藩主から将軍職に就任した。忠孝・礼儀を重んじた武家諸法度を発布するなど、文治政治を推進した。生類憐れみの令でも有名。

✿荻原重秀（1658〜1713）
財政的才能を徳川綱吉に認められ、勘定奉行にまで出世した。悪貨の増加により経済混乱を起こし、新井白石に弾劾され失脚した。

✿新井白石（1657〜1725）
江戸中期の儒学者・政治家。家宣の将軍就任後、幕政を主導し、通貨改良、貿易制限、生類憐れみの令廃止などを進めて幕政の改善につとめた。自伝『折たく柴の記』をはじめとする多数の著書があり、朱子学を基本として、歴史学、言語学など多方面に才能を発揮した。

小判金の骨董品としての価値は、保存状態や残存数によって大きな差があるんだ。残存数の少ない元禄小判金や慶長小判金はそれぞれ、500万円、300万円もするんだぜ。逆に残存数の多い元文小判金や天保小判金なら30〜40万円くらいで手に入れることもできるんだぜ。

おぬしも
ワルよのう

お代官さま
ほどでは…

↑時代劇などでは、賄賂としてピカピカ光った小判金を渡しているが、実際には包封せずにそのまま贈答できたのは大判金だけ。

はまだまだ高額です。要するに庶民の生活では、金貨はほとんど必要なかったのです。

　1765（明和2）年の『誹風柳多留』という川柳集には、「これ小判　たった一晩　いてくれろ」という句があります。せめて一晩くらいは小判を懐に入れておいてみたいと切実に思ったのでしょう。商人がまとまった取り引きをする場合は、小判金が用いられました。しかし、いちいち数えていられませんから、一定の金額を紙で包み、金座や両替商の封印が押された「百両包」「五十両包」と称される包金の形（p.47）で流通しているものを使っていました。そして、庶民は小判金などめったに使えませんでしたから、どちらにしても懐に小判を何枚かしのばせるということはあまりなかったのです。

1両は現在の10万円くらいの価値だから、1,000両は約1億円になるんだぜ。1億円は1万円紙幣で1万枚、1万円紙幣は1枚が1gだから、紙幣でも約10kgにもなるんだってよ！

千両箱の重さはどれくらい？

　千両箱とは、その名のとおり1,000両分の金貨を収納する木製の箱のことです。よく歴史・時代ドラマに小道具として登場するので、複製を見たことはあるでしょう。1,000両という金額は、小判金ならば1,000枚、一分金を紙に包んだ50両の包金ならば20個がおさめられていることになります。

　まず金の比重を確認しておきましょう。水1㎤＝1gを基準として、コンクリートが2.3g、鉄が7.8g、鉛が11.4gであるのに対して、金は19.3gもあります。江戸時代に最初につくられた慶長小判金で計算してみると、金が86％も含まれているので、1枚が17.73gもあります。それを1,000倍すると、1,000両の小判金の重さは18kgより少し軽いくらいです。

　さらに、箱は頑丈につくられ、隅には補強金具が打ちつけられていますから、軽くても数kgはあったはずです。時代劇のなかで盗賊が千両箱を小脇にかかえて走る場面がありますが、20kgをこえるととても軽々と逃げてゆくようなことはできないでしょう。金の割合が少ない小判であっても、屋根の上を走ったり、塀を軽々と乗りこえたりするのは劇中だけのことだったのです。

↑千両箱

江戸時代に発行された大判金

江戸時代の大判金は、豊臣秀吉がつくらせた天正大判金（p.39）の様式をまねてつくられました。表面は畳の目のように鏨や槌でたたいた跡がつけられ、上下左右には桐紋が刻印されています。重さも天正大判金と同じく約165gです。「10両」ですから、「1両」（小判金＝17.7g）の10倍の重さになるはずですが、実際には少したりません。また、金の相場によって価値がかわるため、小判金に両替する際には、7両くらいにしかなりませんでした。

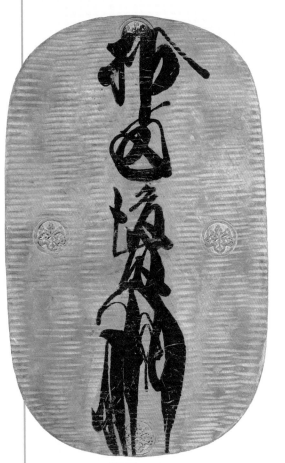

慶長大判金

（1601〈慶長6〉年）

品位：68%

元禄大判金

（1695〈元禄8〉年）

品位：52%

享保大判金

（1725〈享保10〉年）

品位：68%

天保大判金

（1838〈天保9〉年）

品位：68%

万延大判金

（1860〈万延元〉年）

品位：37%

※慶長大判金は80%に縮小、それ以外は40%に縮小

庶民の生活でも
お金が
使われはじめた！

↑豆板銀　　↑元禄丁銀

■■ 銀貨の計数貨幣が新たに発行された

　江戸時代の銀貨は金貨と異なり、原則として天秤で計量して用いる秤量貨幣でした。のちに形と金額の決まった計数貨幣も発行されますが、はじめのうちはナマコ形の丁銀と、おはじきのような豆板銀（小粒銀）の2種類だけしかありませんでした。標準的な丁銀は、長さ約9〜10cm、幅3〜4cm、重さ140〜160gで、1枚、2枚…と数えられました。豆板銀は直径1〜2cmの円形で、重さは5〜8gでした。いずれも表面に、銀座を代々統轄した大黒常是（p.45）のシンボルである仏像の大黒像や年号の一字が極印として押されています。丁銀の中央には、溶けた銀が冷えて固まる際に収縮してできるくぼみがあります。

　金貨は豊臣秀吉の時代に計数貨幣となりましたが、なぜ銀貨は秤量貨幣のままだったのでしょうか。16世紀、中国を中心とする東アジアでは、銀が貿易の決済手段として用いられていました。そして、16世紀中ごろの日本では石見銀山（p.36）を皮切りに銀山の開発がはじまり、

丁銀の極印は切って使っていたときの名残

　江戸時代初期には、支払いが少額の場合は銀貨を切って使っていました。これを「銀貨の切遣い」といいます。丁銀の表面全体に極印が押されているのは、どこを切り落としても、その破片に極印が残るようにしたためです。ですから、江戸時代初期の丁銀は切りやすいように薄くつくられていました。しかし、切遣いは江戸時代初期の元和年間には禁止されたため、丁銀はしだいに厚くなりました。ただ、全体に極印を押すことはそのまま続きました。

17世紀の初めには、日本産の銀が世界の銀の年間産出量の約3分の1を占めるようになっていました（p.34）。おもに明に輸出されていた日本産の銀はみな重さを基準として取り引きされていたので、わざわざ計数貨幣をつくる必要はなかったのです。そのような背景があって、日本の銀貨も重さをはかって使用される秤量貨幣のままだったのです。

しかし、その都度計量しなければならない秤量貨幣は、やはり不便でした。面倒を解消するために、両替商による「包銀」（p.47）なども流通しましたが、少額を支払う場合は豆板銀を使用するわけですから、やはり計量しなければなりません。

そこで江戸時代も中ごろ、10代将軍徳川家治（在職1760〜86）のもとで田沼意次が政権を握っていたころ、明和五匁銀・南鐐二朱銀という少額の計数貨幣が発行され、その後、一分銀や一朱銀も発行されました（p.43）。一分銀や二朱銀、一朱銀は形も小さく金額も手ごろで、金貨の単位だった分や朱が用いられたことにより、**金貨と銀貨の両替が固定化され、金貨を中心とした通貨の統一が実現した**のです。

日本独自の銭貨「寛永通宝」が発行された

戦国時代までの日本では、中国から輸入した「渡来銭」を中心に、戦国大名がそれぞれにつくった金貨・銀貨が使われていました。徳川家康は、1601（慶長6）年に金座と銀座を設け（p.44〜45）、金貨と銀貨を発行しましたが、銭貨はそれまでの渡来銭がそのまま使われていました。しかし、ようやく江戸時代の**1636（寛永13）年に、「寛永通宝」という日本の銭貨が発行**されました。10世紀半ばの乾元大宝の発行から、約670年ぶりのことです。江戸時代には寛永通宝のほかに10文の宝永通宝、100文の天保通宝、1文の文久通宝が発行されていますが、寛永通宝に比べれば発行数も少なく、江戸時代の銭といえば、まず思い浮かぶのが寛永通宝でしょう。

12

庶民の生活でもお金が使われはじめた！

⬆田沼意次（1719〜88）
8代将軍吉宗から9代家重に仕え、家治のときには老中にのぼりつめた。株仲間の奨励や貨幣の改鋳など、積極的に経済振興策を進めたが、商人から賄賂をとるなどして不評を買い、失脚した。

▶新たに発行された計数銀貨

南鐐二朱銀
明和南鐐二朱銀
（1772〈明和9〉年）
品位：98%

明和五匁銀
（1765〈明和2〉年）
品位：46%

文政南鐐一朱銀
（1829〈文政12〉年）
品位：99%

天保一分銀
（1838〈天保9〉年）
品位：99%

表

裏

⬆**寛永通宝（銅一文銭）**
（1636〈寛永13〉年）
渡来銭と同じ形状（円形方孔）だが、日本独自の銭貨が発行された。

↓寛永通宝の裏面と鋳造地

佐渡鋳造　仙台鋳造

足尾鋳造　長崎鋳造

寛永通宝は1枚1文で、96枚を緡という紐に通したものは「1緡」とか「通し100文」などと呼ばれ、100文として通用しました。**文は最小の貨幣単位であることから、庶民が日常生活でもっとも多く使った銭です。**寛永通宝を鋳造する銭座は全国各地にあり、長期間鋳造され続けたため、微妙な違いまでも含めると、その種類は数百種におよびます。代表的なものとしては、「古寛永銭」、「新寛永銭」、「寛永四文銭」などがあります。材質も銅・真鍮・鉄があり、裏面にそれを鋳造した銭座の地名や年号の一字が入れられたりするなど、同じように見えても微妙に異なっています。

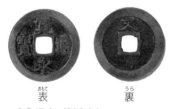
↑寛永通宝（新寛永）
（1708〈宝永5〉年）
表　裏

秀吉が建立させた木造の大仏の高さは約19mで、東大寺の大仏（約15m）よりも大きい、日本一大きな大仏だよ。秀吉がこの大仏をつくるときに発したのが「刀狩令」（p.38）。刀狩で農民たちから取り上げた武器が大仏の釘などになったの。

大仏からつくられた銭貨

　寛永通宝のなかで、一つ興味深いものについてお話ししましょう。4代将軍徳川家綱の寛文年間（1661〜73）に発行された銭に、裏に「文」という字が浮き出ていることから、「寛永文銭」と呼ばれているものがあります。この原材料となったのが、じつは豊臣秀吉の子である秀頼が建造した大仏であると伝えられているのです。

　1595（文禄4）年、豊臣秀吉が京都の方広寺に大仏を建立させたのですが、木造であったため翌年の地震で倒壊してしまいました。その後、1612（慶長17）年に秀頼が銅の大仏を建立したのですが、1662（寛文2）年の地震で一部が損傷してしまったのです。そこで、豊臣氏を滅ぼした徳川幕府が、豊臣氏に因縁のあるこの銅像を原材料にして、寛永文銭をつくったというのです。ただし、確実な証拠が残っているわけではありません。それでもそのような経緯を記述した文献が残っていて、「大仏銭」と呼ばれて江戸時代の人々には広く知られていました。もし寛永文銭を見ることがあったら、それは豊臣秀頼が建立した大仏からつくられたものかもしれないと思って眺めてみてください。

江戸時代のものの値段を見てみよう！

江戸時代の人々がものを買ったり、外食をしたりするのには、どれくらいのお金がかかったのでしょうか。ただ、江戸時代は二百数十年も続いたので、初期と末期では物価も変わり、同列に比べることはできません。ここでは、江戸時代後期の文化・文政年間（1804～30）から天保年間（1830～44）の庶民生活が記述された文学や諸記録にもとづいて、さまざまなものの値段を見てみましょう。

『東海道中膝栗毛』（1802～09年）

この小説は、弥次郎兵衛と喜多八という2人の江戸っ子が東海道を歩いて旅をするという話なのですが、そこから次のようなことがわかりました。

旅籠（一般的な旅館）代…1泊200文
酒1合…24～32文　　饅頭…3文
餅…3～5文　　草鞋…16文
安倍川の渡し（人足の脇の下の水位）…64文
大井川の渡しの蓮台（人足6人）に
二人乗り…480文

『守貞謾稿』

1837（天保8）年から約30年間をかけて、喜田川守貞という人が三都（江戸・京都・大坂）の風俗について、くわしく記録した書物です。以下は、そのなかにあった記述です。

大坂の湯銭※…8文　（冬は9文、夏は6文）
江戸の湯銭…8文　（子ども6文、幼児4文）
大坂の髪結床…24～32文
江戸の髪結床…28～30文
美人画の錦絵…32文　　役者絵…24文
握り鮨…8文　　卵巻鮨…16文

※銭湯の料金

『文政年間漫録』

文政年間（1818～30）に栗原柳庵という故実研究家が著した『文政年間漫録』という書物に、長屋に暮らす大工が日当として1匁2分の飯代を含めて銀5匁4分を稼いだ例が記述されています。

※金1両＝60匁＝銭400文として計算すると、銀5匁4分は約360文ということになります。仮に1文を50円として計算すると、日当が18,000円くらいになると考えられます。

ものを基準とすると1文が20円から30円くらい、サービス・労働を基準とすると50円くらいになるじゃろうか。それで計算してみると、饅頭（3文）が60円から90円、入浴料（8文）が400円、一般的な宿での宿泊代が1万円じゃ。現在と生活様式が異なっているから単純な比較はできぬが、銭1文の価値のおよその見当はつくじゃろう。

江戸時代の紙幣は藩やお寺などが発行していた！

漢字は違いますが、「葉書」と同じで、小さな紙切れという意味よ。

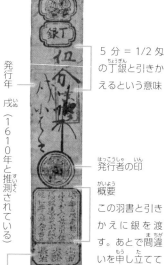

5分＝1/2匁の丁銀と引きかえるという意味

発行年　戌（1610年と推測されている）

発行者の印

概要
この羽書と引きかえに銀を渡す。あとで間違いを申し立てても受け付けない。羽書の有効期間は2年

発行者名
山田大路長右

↑伊勢山田羽書

財政立て直しを目的に発行された藩札

　江戸時代には、全国に流通する紙幣はありませんでしたが、民間が発行した紙幣の一種である「羽書」と呼ばれるものがありました。商人が、金貨や銀貨など高額な貨幣のお釣りのかわりに渡していた証書で、**銀貨との交換を保証するもの**でした。これは商売のために私的につくられた「私札」で、発行主体により「旗本札」「公家札」「寺社札」などと呼ばれました。

　ここでは、大名がその領地である藩内で流通させた「藩札」を中心にお話ししてみましょう。藩札がはじめて発行されたのは、17世紀のなかばごろです。**藩札発行のおもな目的は、藩内の貨幣不足の解消と、窮乏する藩財政の立て直しにありました**。藩札が発行されると、藩内では正貨である金貨・銀貨・銭貨の使用が制限されることもありました。そのため、領民は正貨と引きかえに藩札を受け取り、その結果、正貨が藩に集中することになったのです。藩は、正貨を参勤交代や江戸藩邸での生活の費用、藩外の対外的な支払いにあてました。藩札は、領内では貨幣のかわりに使うことができますが、藩外では使用することができません。事情があって藩外に正貨を持ち出さなければならないときは、手数料を払って正貨に交換してもらいました。

藩札を支えていたのは実体のない信用

藩札の発行には、いざというときには正貨と交換してもらえるという安心感と信用が不可欠なのですが、実際には**多くの藩は備蓄されている正貨の3倍くらいの藩札を発行していました**。そのため、藩札の運用が行き詰まってその価値が下落すると、領民が正貨との交換に殺到する騒ぎが起きたり、一揆や打ちこわしが発生したりしました。藩札には、札元となった藩内の有力商人の名前が記されていたので、領民は「あの人が保証するというなら」と信用してしまいます。藩の流通強制力は有力商人の信用によって補われていたのです。

かつては、藩札を発行しすぎて価値が暴落し、藩札を押しつけられた庶民は被害者であったと理解されることが多かったのです。実際に大名が改易されて「御取り潰し」にでもなれば、藩札は一瞬にして紙くずになってしまいます。改易された大名は江戸時代初期に集中しているとはいえ200家以上あり、廃藩置県で藩が消滅するまでに244藩で発行されたことがありましたから、たしかにそのようなことは少なくなかったことでしょう。

しかし上手に運用すれば、引き替え用に備蓄している正貨以上の通貨が藩内で流通して経済活動が活発化したり、専売品の奨励によって藩の産業が活発化したりする効果もあり、積極的に評価できることもあったのです。

藩では専売品の生産を奨励するため、積極的に藩札を発行します。専売品はおもにその地域における特産物で、藩が一括して藩札で買い上げ、大坂の蔵屋敷などで販売し、その売り上げを正貨で備蓄するのです。このような場合の藩札は、**地場産業を振興させ地域を活性化させるために、諸藩（諸大名）が発行した地域通貨**であると理解することができます。

改易

領地や地位、給与、屋敷などを没収されること。その理由には跡継ぎがいない、反逆、刃傷事件、勤務怠慢などがある。

発行藩名
福居（越前福井藩）

銀10匁と引きかえられるという意味。高額札を表す「大目札」の表示がある。

札元
（銀貨との引換所）
駒屋善右衛門
両替座
荒木七右衛門

概要
紙幣をおろそかにしてはいけない。金額の多少にかかわらず大切にせよ。贋造したものは処罰する。

発行年代
寛文（1661～72年）

↑**越前福井藩札**

↑摂津尼崎藩
札とその版木
印刷する際には版木を接木で連結させた。

■■ 偽造を防ぐさまざまな工夫

藩札には、長い年月の使用に耐えられるよう、厚手で丈夫な和紙が用いられていました。また、**偽札を防止するための工夫があちらこちらに見られます。**

まずは、現在の日本の紙幣もそうですが、**全体にきわめて精密な図柄が印刷されています。**ほとんどは木版ですが、なかには銅版を用いたものもあります。すかしを入れたり、紙に色をつけたり、異なる色を部分的に混ぜて印刷したり、注意深く観察しないとわからないように隠し文字をひそませたり、模様を凸状に浮き上がらせる加工をしたり、特殊な塗料を用いたりするなど、さまざまな工夫がなされています。

また、3人の札元がいる場合、そのなかの一人が勝手に印刷することがないよう、上・中・下に三分割できる版木をつくり、3人が分割して保管したりしました。版木は偽造防止のため、通常、発行後に焼却・破却されたので、現在、博物館で展示されているものは大変に貴重なものなのです。

紙に色をつける

↑長門長府藩札
普通の状態ではわからないが、裏から光をあてると紙に色がつけられているのがわかる。

隠し文字を入れる

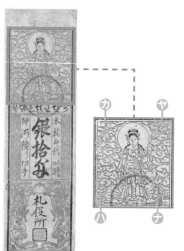

↑筑後柳川藩札
よく見ると、「ヤ」「ナ」「カ」「ハ」の文字が隠されているのがわかる。

特殊な文字を使う

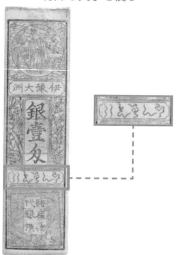

↑伊予大洲藩札
まねがしにくい、特殊な文字が使われている。

江戸時代のさまざまな紙幣を見てみよう！

江戸時代には、藩や旗本、公家、寺社などだけでなく、鉱山や宿場などが特定の地域で流通させるために紙幣を発行していました。また、商品と交換できる札も贈答用として用いられていました。

← 寺社公家札
山城嵯峨御所

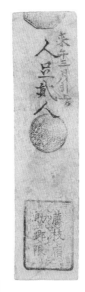

→ 宿場札
東海道・
駿河藤枝宿

← 鉱山札
但馬生野銀山

→ 傘札
美濃加納藩

↑ 昆布札　播磨姫路藩

寺社の助成策となった富くじ

江戸時代には、富札を売り出し、抽選であたった人は賞金がもらえる富くじが大流行していました。現在の宝くじのルーツともいえるものです。富札の売り上げから賞金と興行にかかる費用を引いたものが興行主の利益となりました。江戸時代中期以降は、私的な賭けごととして禁止されましたが、寺社が修復や再建の費用をまかなう場合のみ、幕府の許可を得ることができました。

明治新政府の近代的な貨幣制度で、「円」が誕生した！

⚜不換紙幣
正貨である銀貨や金貨との交換が保証されていない紙幣のことで、逆に正貨との交換が保証されている紙幣を兌換紙幣という。

不換紙幣は発行枚数に制限はございませんが、発行枚数が増えると1枚あたりの価値が下がりますのよ。

▪▪ 江戸時代の貨幣制度からの脱却

　1868（明治元）年に江戸幕府にかわって明治新政府による政治がはじまりましたが、そのころの日本は大名の領地であった藩の集合体のようなもので、まだ中央集権的な国家といえるものではありませんでした。**江戸時代の貨幣制度や貨幣をそのまま引き継いだことによる多くの問題をかかえていました。**また、明治政府が財源不足を補うために大量に発行した、太政官札や民部省札など不換紙幣⚜の価値が下落するといった新たな問題もありました。

　これらの**諸問題解決の中心**となったのは、のちに東京専門学校（現在の早稲田大学）を創設する大隈重信でした。彼は1869（明治2）年に通貨の単位を「両」から「円」にあらため、十進法を採用し、貨幣は円形とすることなどを提案しました。また偽造金貨の回収を進め、香港から硬貨の鋳造機械を輸入して、金貨・銀貨・銅貨を発行しました。

　このようにして準備がととのったところで、1871（明治4）年に新貨条例が布告されたのです。

〰 江戸時代から持ちこされた貨幣問題

　明治初期はまだ、江戸時代に各藩が発行した藩札が整理されず、そのまま流通していました。また、「江戸の金遣い、上方の銀遣い」が続き、国内での金貨・銀貨の相互流通が円滑ではありませんでした。さらに、四進法と十進法が併用される貨幣制度が理解しづらいこと、金貨・銀貨・銭貨の形が不揃いで扱いにくいこと、偽造の金貨が流通していることなどについて、諸外国から強く抗議されていました。

大隈重信の発案で定められた新貨条例

新貨条例では、まず**貨幣の単位を「両」から「円」に切りかえ、十進法にもとづいて円の下に補助単位として「銭」「厘」を導入**しました。また、金を本位貨幣とし、江戸時代以来の旧1両を新1円とすることにしました。この新しい1円金貨の金の含有量は1.5gと決められたのですが、偶然にもアメリカの1ドルと同じ価値であったため、外国人にもわかりやすいものとなりました。そして、**貨幣はすべて円形に統一**しました。

貨幣を円形に統一することについては、さまざまな議論が行われました。江戸時代には金貨や銀貨は紙に包んだり箱に入れたりしていたため、四角いほうが便利であるという意見がありました。それに対して、大隈重信は次のように反論しました。日本にも円形の貨幣があったこと、四角い貨幣は扱いにくく四隅が摩耗しやすいこと、国際的には貿易相手国の貨幣も円形であることなどです。そして、大隈はおもしろいしぐさをしたのです。親指と人さし指で円をつくり、「貨幣が円形ならばこれで幼児でも貨幣であることがわかるが、四角では老人でもわからない」というのです。たしかに片手の指だけで四角を表現することはできません。このしぐさは今でもよく使われ、なんの説明がなくとも貨幣であることがわかりますが、最初にやって見せたのは大隈重信だったのです。

🏵銭
アメリカのお金の単位「セント」の発音をまねして決められた。発案者は大隈重信だといわれている。

ここで、計算するのに不便といわれていた4進法が廃止され、1円＝100銭、1銭＝10厘となり、計算がわかりやすくなったんだよ。

なぜ「円」という単位になったのか？

一般的には、江戸時代にはさまざまな形であった貨幣が、すべて円形に統一されたからと理解されています。しかし、アメリカの「ドル」は東アジアではすでに「圓」（「円」の旧字体）で表示されていて、香港でもイギリスが「圓」を単位とする銀貨を発行していました。江戸時代末期には、日本の一部の知識人の間では「両」のかわりに「圓」が俗語として用いられていました。このように「圓」（円）は日本の貨幣の単位となる以前から、東アジアでは用いられていたということが背景となっていました。

錦の御旗

赤地の絹織物に金・銀糸で、日・月を刺繍した旗。鎌倉時代以来、天皇の象徴として用いられた。

↑ 20円金貨

このときは、金貨5種、銀貨4種、銅貨4種の計13種類が発行されたんだぞ。

天皇即位記念硬貨
（2019〈令和元〉年）

1万円金貨
表面には鳳凰と瑞雲、裏面には菊の紋章を囲むように天皇・皇后両陛下のお印（シンボルとなる植物）の梓とハマナスが刻まれている。

500円銅貨
表面には天皇の即位儀式が行われる高御座、裏面は菊の紋章と梓とハマナスのお印が刻まれている。

由緒あるモチーフがちりばめられた新貨幣

新貨条例の布告に先立って、1869（明治2）年に金貨・銀貨・銅貨が発行されたことはすでにお話ししました（p.62）。新しい2円・5円・10円・20円金貨には、表に龍、裏には菊と桐の紋章・日月の錦の御旗・鏡と、それらを取り囲んで菊と桐の枝飾りが配されています。龍は中国で古くから君主の象徴とされており、菊は鎌倉時代以来、皇室の紋章とされています。天正大判金や慶長大判金などにも打たれていた桐の紋章は、菊に準ずる格式の高いものです（p.39）。**現在も、皇室の慶事にともなって発行される記念硬貨には、鳳凰・鶴・御所・皇居など、めでたいモチーフが刻まれています。**

外国の硬貨に君主の肖像が刻まれることが多いのは、その貨幣が流通する範囲こそが、その君主の支配領域であるということなのでしょう。また、歴史的人物の場合は、その国で愛されるその人物を敬う意味合いがあるのでしょう。しかし日本では、貨幣は人から人へわたるものですから、大勢の人の手に触れて汚れることはその人物の尊厳を害すると考えられ、**特定できる個人の肖像が刻まれた硬貨が発行されたことはありません。**肖像に対する理解が、日本と諸外国では根本的に異なっているようです。

造幣局の創設

創業以来、硬貨の製造が行われている造幣局は、日本の近代的な貨幣制度をととのえるため、1869（明治2）年、明治新政府によって大阪につくられました。前年に廃止された香港造幣局から硬貨の鋳造機械を輸入するとともに、イギリスから技術者を招き、新貨幣の鋳造を開始します。これまでの日本は、いつの時代も偽造通貨に悩まされてきました。そのため、新しい造幣機関では偽造されづらい近代的な貨幣鋳造がめざされました。創業以来、大蔵省管轄の機関でしたが、2003年からは独立行政法人＊となりました。

＊政府の事業のうち、大学・博物館・病院・研究機関など、独立して運営したほうが効率的と考えられる部門を分離独立させた法人のこと。

祝銀行完成!!

エピソード 15

日本初の銀行設立から銀行制度の完成まで約10年もかかった！

■■アメリカの銀行制度を手本に条例を制定

　江戸時代の貨幣経済の発展には、両替商という金融業者が不可欠でした。明治政府は、同じように新しい貨幣制度にはそれに合った近代的な金融機関が必要であると考えました。そこでまずは、海外の金融機関を視察するため伊藤博文（p.104）がアメリカに渡り、1870（明治3）年から翌年にかけてナショナル・バンク（national bank）について学び、それにならった銀行を日本に設立することを建言します。

　そして1872（明治5）年、国立銀行条例が公布されました。「国立銀行」という言葉は、アメリカの「national bank」を翻訳したものです。本来は「国の法律にもとづいて設立された銀行」を意味しているので、今から思えば「国法銀行」と訳したほうがよかったのかもしれません。「国立」というと、国の出資により設立された「官立銀行」を思い浮かべますが、実際は、出資は民間の資本によってなされています。

岩倉具視（p.98）が西洋の進んだ文化・技術を視察する使節団を結成し、大久保利通、木戸孝允、伊藤博文らとともにアメリカに渡ったんだ。このなかには、まだ幼い津田梅子（p.118）もいたぜ。

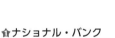

🔒ナショナル・バンク
その国の金融組織の中心的機関として、特別法にもとづいて設立された公共的な銀行。民間銀行や政府に対してお金を貸したり、通貨量の調整をしたりする。

なぜ「銀行」という名称になったのか？

　「bank」という英語は、なぜ「銀行」と翻訳されたのでしょうか。中国では明代以来、「銀」が正貨となっていたことや、中国語で「行」が同業者組合や店を意味することから、「銀行」という言葉が生まれたという説が有力です。また、「金」を扱う「店（行）」ということで、「金行」という候補があったという説もあります。

↑明治通宝札

↑太政官札

■■ かなりハードルが高かった銀行設立の条件

銀行を設立するには、どのような条件があったのでしょう。まず、5万円以上の資本金が必要でした。新貨条例で1円金貨の金含有量が1.5 gに定められていましたから、最近の金の価格で計算すれば、1円は約8,000〜9,000円となります。その計算でいくと、5万円は少なくとも4億円ということになります。

次に、5万円の6割を太政官札や新たに政府が発行した明治通宝という新紙幣で政府に納め、同額の銀行紙幣を発行しなければならないという条件がありました。そして、**紙幣を正貨に交換できるように、残りの4割は正貨である金貨で用意しておく必要がありました。** 国立銀行で発行した紙幣には、例えば十円紙幣ならば、「此紙幣を持参の人へは何時たりとも拾円相渡可申候也」と記されていますから、その**紙幣を銀行に持参した人がいれば、いつでも10円金貨と交換しなければならなかった**のです。

このように紙幣と、そこに表示されている額面の正貨を交換することを「兌換」といい、そのような紙幣を「兌換銀行券」「兌

江戸時代の藩札(p.59)などは、貨幣に交換してもらえる保証がなかったわね。

日本の紙幣はアメリカで印刷されていた！

現在の日本では、紙幣は国立印刷局で印刷され、日本銀行から発行されますが、当時は条例によって、国立銀行それぞれに銀行紙幣を発行することが義務づけられていました。といっても、自分で印刷する技術や設備がありませんから、アメリカの印刷会社に注文し、送られてきた印刷ずみの用紙に政府が銀行名や所在地、頭取の名前、支配人の名前を赤い文字で追加印刷して発行しました。そのため、大きさやデザイン、色などがアメリカのナショナル・バンク紙幣に似ていました。

↓第一国立銀行紙幣　十円紙幣

↓アメリカ　ナショナル・バンク紙幣

中央に「武蔵　東京　第一国立銀行」と赤いインクで印刷され、頭取という文字の右には「澁澤栄一」と印刷されている。

換紙幣」といいます。こうすることによって、**紙幣の信用が高まり、だれもが安心して紙幣を受け取ることができるようになった**のです。

■■ 銀行条例を改定すると銀行数が激増！

1873（明治6）年に渋沢栄一（p.79、116）によって、日本で最初の銀行である**第一国立銀行（現在のみずほ銀行）が設立**されました。その後、第二国立銀行、第四国立銀行、第五国立銀行の4行が設立されました。第三国立銀行がないのは、開業免許を得たものの開業にいたらなかったためです。

資本金が高額なことと、兌換に備えて莫大な金貨を用意しておかなければならないため、それに続いて設立される銀行が出てきませんでした。そこで1876（明治9）年に、国立銀行条例が改定され、兌換紙幣の発行義務が取り除かれました。つまり兌換のための正貨（金貨）がなくても設立できるようになったのです。また、華族や士族に交付された金禄公債という有価証券を資本に用いることが認められました。この改定により銀行設立のハードルが低くなり、最終的には1879（明治12）年までに153もの国立銀行ができたのです。そして、それらの銀行は設立順に通し番号で「第○国立銀行」と呼ばれ、それぞれの銀行が銀行券を発行し、日本中に大量の紙幣が出回るようになりました。

江戸時代には貴族や武士に家禄（報酬）が与えられておった。明治になって身分制度は廃止されたから、金禄公債の交付と引き換えに家禄支給が廃止されたのじゃ。

153もの銀行のその後は？

その多くは合併吸収や破産により、改称したり、消滅したりしてしまいましたが、設立以来の数字が維持されている銀行があり、一般には「ナンバー銀行」と呼ばれています。

設立当初からの数字に由来しているものとして、第十九銀行と第六十三銀行が合併し、両者の数字をたして名づけられた八十二銀行もあります。

また、合併吸収や改称により、当時とはまったく違った名称となった銀行もあります。例えば、第一国立銀行は第一銀行を経て第一勧業銀行となり、さらに現在のみずほ銀行となっています。

第二国立銀行は横浜銀行へ、第四国立銀行は安田銀行から富士銀行を経て現在のみずほ銀行へ、第五国立銀行は最終的には三井銀行からさくら銀行を経て三井住友銀行となっています。

✿西南戦争

1877（明治10）年2～9月、鹿児島士族が西郷隆盛を擁して起こした反乱。武力による反政府運動の最後となった。

紙幣ではかった米価は、西南戦争前と比べて2倍に急騰し、銀貨に対する紙幣の価値も暴落しちまったんだ。

■■日本銀行の設立

国立銀行条例により設立された国立銀行では、それぞれの銀行が独自に紙幣を発行していたため、紙幣にはそれぞれの銀行名が印刷されていました。現在の日本では、紙幣を発行できるのは日本銀行に限られていて、流通している紙幣にはすべて「日本銀行券」（日本の紙幣の正式名称）と印刷されています。ですから、**日本銀行は日本の銀行の中心、つまり中央銀行ということができます。**

では、日本銀行はいつごろ、なぜできたのでしょうか。1877（明治10）年2月に西南戦争が勃発すると、膨大な戦費を調達するため、国立銀行紙幣や政府の紙幣が大量に発行されました。当時流通していた紙幣はどちらも正貨に兌換できない不換紙幣だったので、いくらでも発行できたのですが、発行すればするほど紙幣の価値は下がり、激しいインフレーションが起きてしまったので

日本近代建築の父、辰野金吾が設計した日本銀行

日本銀行の建物は建築家辰野金吾の設計により、1896（明治29）年に日本橋の近くに完成しました（p.44）。現在は日本銀行本店と呼ばれ、外観は威厳のある重厚な石造り、内側は明治時代の建築らしくモダンな煉瓦造りになっています。辰野金吾は東京駅舎の設計者としても知られ、敬意をこめて「辰野堅固」と呼ばれることもありました。

日本銀行本店を上から見ると、漢字の「円」の形に見えます。日本の通貨を管理している日銀の建物ですから、意識的に設計されたとも噂されました。しかし、着工された1891（明治24）年当時、紙幣で使用していた文字は「円」でなく旧字体の「圓」だったので、「偶然の造形」という説が有力になっています。

日本銀行本店の向かいにある日本銀行金融研究所の2階には、貨幣博物館があります。ここには古代から現在にいたるまでの日本の貨幣史、世界の貨幣などさまざまなテーマ別に、4,000点もの貨幣が展示されています。また、体験的に学べる工夫もされていますので、見学をおすすめします。

↑上から見た日銀
現在は旧館となっているこの建物は、国の重要文化財に指定されている。

す。当時、大蔵卿（現在の財務大臣）だった大隈重信（p.63）は、「紙幣を増発してインフレーションになったとしても、いずれ好景気になれば税収が増える」と主張しました。しかし、国会開設時期をめぐる政府内部の対立により、1881（明治14）年に大隈重信は失脚して、政府から追放されてしまいます。

りんごください
1個100円です
1個200円です
1個50円です

インフレ
貨幣が増えすぎてお金の価値が下がり、物価が上がる。物価が上がり続けると、ものが売れなくなる。

デフレ
貨幣が減ってお金の価値が上がり、物価が下がる。ものは売れるが、利益が少ない。

大隈重信にかわって大蔵卿に就任したのが松方正義です。
インフレーションの原因は大量に発行された不換紙幣にあるとして、通貨の信用制度を確立し、日本経済を立て直すため、1882（明治15）年に日本銀行条例を公布し、**日本の中央銀行として日本銀行を設立**します。まず、松方は増税をして紙幣を回収し、政府の支出を減らす緊縮予算を編成して世の中に出回っている紙幣の量を減らしました。**「松方財政」と呼ばれるこの政策により紙幣整理**は進みましたが、増税による深刻な不況と物価の急落が起き、日本経済はインフレーションからデフレーションに転じました。

しかし、ここで紙幣を大量に発行するとまたインフレーションが起きてしまいますので、紙幣を兌換紙幣に切りかえることによって紙幣が増えないようにしようと考えました。翌年には「国立銀行条例」を改定し、すでに開業している国立銀行の営業許可年限を20年とし、紙幣を発行しない普通銀行への転換を定めます。また、紙幣の流通量が減り紙幣価値が回復してくると、1884（明治17）年に兌換銀行券条例を公布しました。そして、銀と紙幣の価値の差がなくなり、1円銀貨と一円紙幣が円滑に交換できるようになるのを確認した翌年、**最初の日本銀行券を発行**したのです。このことは、**日本に銀本位制による近代的通貨信用制度が確立された**ことを意味しています。

🏛**松方正義**（1835〜1924）
鹿児島薩摩藩出身の政治家。内務卿・大蔵卿・大蔵大臣・総理大臣などを歴任した。日本銀行を創設し、兌換銀行券の発行など、財政・金融制度の確立に尽力した。

日本銀行の最初の仕事は不換紙幣の整理でした。実際に、回収した紙幣を焼却処分したのです。「もったいない」と思うでしょうが、紙幣価値を回復するためには、それくらいの荒療治が必要でしたわ。

15

日本初の銀行設立から銀行制度の完成まで約10年もかかった！

金本位制度とは？

　国の通貨価値の基準を金とし、通貨と金を一定比率で交換することを国が保証する制度です。国はいつでも通貨と金の交換に応じられるように、発行した通貨と同額の金を中央銀行に保管しておく必要があります。

　銀本位制度とは、通貨と銀を一定比率で交換することを保証する制度です。当時は世界的に銀の産出量が増え、金に対する銀の価格が下がっていたので、金よりも銀のほうが備蓄しやすかったのです。

■■ 「金本位制」の確立

　日本では 1871（明治 4）年の新貨条例に先立って金貨を発行しはじめ、金貨を国の貨幣制度の基準とする「金本位制」を採用しました。しかし、金の備蓄が少なかったため、すぐに金銀複本位制にあらためざるを得ませんでした。しかし、事実上は銀本位制で、1885（明治 18）年、日本銀行が発行した最初の兌換銀行券には、「此券引かへに銀貨○円相渡可申候也」と記されています。

　ところが、日清戦争に勝利した日本は、1895（明治 28）年の下関条約により、清国から円に換算して 3 億 6,400 万円もの賠償金を金貨で受け取ることになりました。その金額は、1895（明治 28）年の国家予算 9,019 万円の約 4 倍に相当します。このようにして獲得した金貨をもとにして、1897（明治 30）年に貨幣法が公布され、金 0.75 g を 1 円とする新しい 20 円、10 円、5 円金貨が発行されました。そして、さらに**1899（明治 32）年には、日本銀行が日本銀行兌換券を発行し、ようやく日本にも金本位制が確立したのです。**

←最初の日本銀行券
七福神の一人で、福の神といわれる大黒の像が描かれていたため、「大黒札」と呼ばれた。

松方正義の肖像が使われた紙幣

　松方正義は明治時代の近代的貨幣制度の確立に大活躍しました。松方が首相兼大蔵大臣になった 1891（明治 24）年に発行された百円紙幣には、藤原鎌足が描かれています。しかし、藤原鎌足の肖像は伝えられていませんから、この肖像は松方正義をモデルにしたものなのです。これが松方の発案かどうかは不明ですが、悪い気分ではなかったでしょう。貨幣法によって1900（明治 33）年に発行された百円兌換紙幣にも同様の肖像が描かれています。このときの首相は山県有朋でしたが、大蔵大臣は松方正義でした。松方正義なくして、明治時代の貨幣制度を語ることはできないのです。

「金本位制」の中断と復帰

　しかし、第一次世界大戦時（1914〜18年）には、金本位制を採用していた国は、いずれ復帰することをみこして一時的に金本位制から離脱しました。

　日本も同じように1917（大正6）年に金本位制から離脱したのですが、第一次世界大戦後、大戦中の好景気の反動として深刻な不景気に見舞われました。これを「戦後恐慌」といいます。そして、1923（大正12）年9月1日には関東大震災が発生し、経済は大混乱に陥りました。これを「震災恐慌」といいます。その後、恐慌はさらに続きます。震災以前に民間銀行が手形と引きかえに融資していた資金は、震災のために多くが返済不能になってしまい、民間銀行は「震災手形」をかかえこんでしまいます。そして、銀行の倒産を心配した預金者たちが預金を引き出そうとして窓口に殺到し、これをきっかけに経済的大混乱が引き起こされました。これを「金融恐慌」といいます。**こうして日本では第一次世界大戦後、戦後恐慌・震災恐慌・金融恐慌と3つの恐慌が連続し、金本位制に復帰できずにいたのです。**

　第一次世界大戦後、各国はあいついで金本位制に復帰していたので、長期間の不景気から抜け出すためには、日本も早く金本位制に復帰して、貿易をさかんにしていかなければなりませんでした。そこで、1930（昭和5）年、浜口雄幸内閣が金輸出解禁による金本位制への復帰を強行しますが、1929年のニューヨーク株式市場での株価大暴落からはじまった恐慌が世界恐慌へと拡大していきました。閉めていた窓を貿易振興のために開けてみたら、外は大暴風だったというわけです。こうして**日本の景気を回復させるはずの「金解禁」という壮大な政策は、タイミングが悪いという不運も重なって失敗に終わりました。**

　その後、日本で金本位制が復活することはありませんでした。**現在、日本はもちろんのこと、世界で金本位制を行っている国はありません。**

金本位制ならば、軍部が政府に軍事費増大をせまっても、金の保有量をこえて通貨を増発できないのだ。このように資金の面から軍の暴走を防ぐことが、金本位制復帰の隠れたねらいでもあったんだぞ。

↓金融恐慌時に発行された「裏白紙幣」
人々が銀行の窓口に殺到したため、日本銀行券が不足する事態に陥った。当時、大蔵大臣だった高橋是清は、急遽裏面の印刷を省いた二百円券（裏白券）を発行した。

エピソード 16

戦争中は回収された貨幣で戦闘機がつくられた！

国際条約で定められている戦時のルール

　戦時に政府または軍によって発行された特別な紙幣の一種に、「軍票」（正しくは「軍用手票」）と呼ばれるものがあります。軍票とは、自国外の戦地や占領地で軍隊が物資を調達するときに使うもので、紙幣というよりは、いわば預かり証や約束手形のようなものでした。

　近代より前の戦争では、本国からの食糧などの軍需物資の補給が間に合わなければ、現地で略奪して調達することが普通でした。しかし、近現代の戦争では、略奪を禁止する国際法上の取り決めもあり、必要なものは軍票を使って現地で調達されるようになりました。1899年、オランダのハーグで開催された第1回万国平和会議では、国際的戦争のルールを定めたハーグ陸戦条約が締結されました。そのなかには、軍票の発行についても次のような規定があります。まず第47条では、「略奪はこれを厳禁とする」とされ、第51条では「一切の取立金に対しては納付者に領収書を交付しなければならない」、第52条には「現品を供給させる場合には、住民に対して即金を支払わなければならない。それができない場合には領収書を発行して、すみやかに支払いを履行すること」と規定されています。ここでいう「領収書」とは軍票のことで、**戦争が終わったあとには、発行国によって精算（通貨や正貨に交換）されるべきもの**だったのです。

　多額の本国通貨が国外で流通すれば、本国でその分だけ通貨を増発しなければならないため、インフレーションとなる。敵方に渡れば謀略に使用される危険があったから、本国通貨を使用するわけにはいかなかったんだぜ。

日本が発行した軍票

日本では日清戦争以後の対外戦争、とくに日中戦争と太平洋戦争では軍票が大量に発行されました。東南アジア地域では太平洋戦争の戦線拡大にともなって発行されましたから、現在のインドネシア方面、マレーシアやシンガポール方面、フィリピン方面で使用されました。一見すると日本政府が発行したものには見えないのですが、英語の場合は「日本政府」を意味する「THE JAPANESE GOVERNMENT」と表記されています。

戦後、本来ならば日本政府に軍票支払い義務があるのですが、国家の総力戦に敗れた日本には、軍票を回収して払い戻す経済力はありません。結局、日本政府の軍票支払いの義務は、1951（昭和26）年のサンフランシスコ講和条約で、連合国側のオーストラリア・オランダ・イギリス・アメリカ・ラオス・カンボジアが請求権を放棄したり、請求権を行使しなかったりしたため消滅しました。中国はサンフランシスコ平和条約に招かれなかったため調印しませんでしたが、中華民国（台湾）は別に日華平和条約（1952年）を結び、賠償請求権を放棄しました。中華人民共和国については、1972（昭和47）年の日中共同声明において、「中華人民共和国政府は、中日両国民の友好のために、日本国に対する戦争賠償の請求を放棄することを宣言する」と明記され、国家間では軍票の支払い義務は消滅しました。

日本が発行した軍票	
日清戦争 （1894～95年）	5種類
日露戦争 （1904～05年）	6種類
青島出兵 （1914～22年）	6種類
シベリア出兵 （1918～22年）	6種類
日中戦争 （1937～太平洋戦争へ）	35種類以上
太平洋戦争 （1941～45年）	50種類以上

↑日露戦争軍用手票

↑太平洋戦争中、オランダ領インドネシアで日本軍が使用した10グルデン軍票（Alamy）

↓太平洋戦争中、南太平洋地域で日本軍が使用した1シリング軍票（Alamy）

⇧ニッケル
銀白色をした金属で、耐久性・耐熱性にすぐれ、電池、硬貨、調理器具、携帯電話、医療機器など、さまざまなものに用いられている。クロムと一緒に鉄に加えるとステンレスになる。

↑アルミニウム青銅貨　10銭
（1938〈昭和13〉年）

↑アルミニウム貨　10銭
（1940〈昭和15〉年）

戦時下に次々とかわっていった貨幣の原材料

国家総力戦となった近代の戦争では、膨大な金属を消費しました。**もっとも多く消費されたのは鉄でしたが、銅や亜鉛、アルミニウムなども軍需物資に転用されたため、戦争中は硬貨の原材料がたびたび変わりました。**

1937（昭和12）年に日中戦争がはじまり、戦時体制が強化されると、ニッケル⇧製の10銭硬貨、5銭硬貨の製造が中止されました。それにかわって翌年から製造されたのが、アルミニウム青銅製の10銭硬貨、5銭硬貨です。アルミニウム青銅製の10銭硬貨は銅が95％、アルミニウムが5％の合金でつくられ、表面には菊の紋章と波があしらわれ、中央の穴を太陽に見立て、海の向こうから朝日が昇っている、いかにも戦時下に喜ばれそうなデザインでした。裏面には桜の花が描かれています。

ところが、銅は電線、弾薬の雷管、弾丸などの軍需物資の製造に不可欠だったことから、1940（昭和15）年にはアルミニウム青銅製硬貨の発行も停止されました。そして同年、純アルミニウム製の10銭硬貨と5銭硬貨が発行されました。10銭硬貨の表面には菊の紋章、裏面には桜の花のモチーフ、5銭硬貨の表面には菊の紋章と吉兆を表す瑞雲、裏面には神武天皇の弓弭（弓の先端）にとまったとされる金色の鵄（金鵄）が描かれています。

5銭硬貨のモチーフ、零戦の呼称の由来は神武天皇

神武天皇は伝説上の人物ともいわれていますが、『日本書紀』および『古事記』によれば、最初の天皇で、皇室の祖先とされています。1940（昭和15）年は、神武天皇が即位してから2,600年にあたると理解されていたので、その年に発行された5銭硬貨の裏面には神武天皇の象徴として金色の鵄が描かれました。

また、同じ年に正式採用された零式艦上戦闘機（零戦）の「零式」とは、「2,600年」の下2桁の「00」からつけられた呼称です。

発行当初 1.5 g あったアルミニウム製の 10 銭硬貨は、太平洋戦争がはじまる 1941（昭和 16）年には大きさはかわらずに薄くなって 1.2 g、1943 年にはさらに薄くなって 1.0 g となり、5 銭硬貨も 1.2 g、1.0 g、0.8 g とどんどん軽くなっていきました。そして、戦局が不利になってきた同年には発行が停止されてしまいます。**回収されたアルミニウム製の貨幣のほとんどは、飛行機の原材料となったのでしょう。**

そこで、アルミニウムにかわる少額貨幣の原料として注目されたのが錫でした。錫はハンダにも使われたように柔らかく、硬貨の原材料には適していません。しかし日本の占領下にあったインドシナ地域、とりわけマレー半島は世界的な錫の産地だったので、1944（昭和 19）年には錫製の 10 銭硬貨と 1 銭硬貨が発行されたのです。しかし戦局がさらに悪化すると、マレー半島から錫を輸送することさえむずかしくなりました。そして、ついに硬貨の原材料がなくなり、粘土を原材料とする硬貨（10 銭・5 銭・1 銭）の試作まで行われたのです。しかし、その製造が開始されたころに終戦となったため発行されませんでした。

以上のように、身近な少額貨幣の原材料は、**戦線の拡大と戦局の悪化にともなって、銅を主体とした青銅、アルミニウム、錫というように変化していったのでした。**

今でも、ミャンマー・インドネシア・ベトナム・マレーシアの諸国は世界の錫生産のトップ 10 に入っているよ。

↑錫貨　10 銭
（1944〈昭和 19〉年）

↑錫亜鉛貨　1 銭
（1944〈昭和 19〉年）

↑陶貨　10 銭　　↑陶貨　1 銭

16

戦争中は回収された貨幣で戦闘機がつくられた！

アルミニウム合金「超々ジュラルミン」は戦闘機をつくるために開発された！

アルミニウムは軽く、加工しやすいことが特徴ですが、強度に欠ける金属です。1906 年、ドイツの冶金学者が、アルミニウムに銅とマグネシウム、マンガンを加えて加熱すると、強度が増すことを発見しました。こうして開発されたアルミニウム合金であるジュラルミンは、飛行船の骨組みなどに用いられました。その後、アメリカでジュラルミンの強度を増した「超ジュラルミン」が開発されました。日本では住友伸銅所（現在の住友金属工業）が、1936（昭和 11）年に超ジュラルミンを改良した「超々ジュラルミン」を開発し、これが零式艦上戦闘機、いわゆる零戦の翼の原材料となりました。軽くて強度のある金属は、戦闘機にうってつけだったのです。零戦にかぎっていえば約 1 万機も製造されました。超々ジュラルミンは、現在も自動車のタイヤホイールなどに幅広く使われています。

↓ 琉球の貨幣

大世通宝
(14世紀)

世高通宝
(15世紀)

「鳩目銭」(16世紀)
小型で粗悪な無文銭。
鳩の目のような形をし
ていることからそう呼
ばれた。

■■ 沖縄の通貨

太平洋戦争中の1945（昭和20）年4月に、アメリカ軍が沖縄本島に上陸しました。そして、終戦後も沖縄はアメリカ軍の管轄下におかれることになりました。そのころ、沖縄には事実上通用する貨幣がなく、住民の生活は物々交換や、アメリカ軍が放出する諸物資によって支えられていました。

翌年4月、アメリカ軍が発行した「B円」と呼ばれる軍票が法定通貨になりましたが、戦後に発行された新しい日本円も併用されることになりました。ところが4カ月後の8月にはB円を新日本円に交換するよう命じられ、一時B円は流通しなくなりました。そして1947（昭和22）年にB円が復活し、翌年にはB円が法定通貨に統一されたのです。

このように、沖縄ではめまぐるしく通貨が入れかわったのですが、さらに1958（昭和33）年には、法定通貨がB円からアメリカドルに切りかえられました。外資を導入したり、外資系企業を誘致するなどして、沖縄の経済を復興させるというねらいがあったのでしょう。しかし、思惑通りには進まず、輸出産業のない沖縄では貿易による赤字が増大し、ドルは流出するばかりでした。

沖縄の施政権が日本に返還されたのは1972（昭和47）年のことです。当然のことながら通貨もドルから円に切りかえられましたが、これは沖縄の人にとっては重大な問題でした。それは前年にはドルに対して円が切り上げられ、1ドル360円だったものが、308円になり、返還の翌年には変動為替相場制に移行してしまったからです。つまりそれまでは1ドル札で360円のものが買えたのに、308円のものしか買えなくなり、さらに安いものしか買えなくなってしまったのと同じことなのです。沖縄県の人にとって、通貨の切りかえは生活に打撃を与える大問題でした。

以上のことをまとめてみると、まずは沖縄戦直後の通貨がなかった時期、次いでB円と新円が併用された時期、そして新円

琉球王国では、東アジアの中継貿易が行われていたため、明銭が使われていたのだ。でも貨幣不足だったから大世通宝、世高通宝、「鳩目銭」が用いられたんだ。その後、日本の寛永通宝も明治まで使われていたんだぞ。

だけが流通した時期、Ｂ円だけが流通した長い時期を経て、アメリカドルが流通した時期、そしてようやく返還後の日本円が流通した時期に分けられます。このように沖縄では戦後の27年間に、5回も通貨がかわったのです。通貨が入れかわる混乱を経験したことがない地域に住んでいる人にとっては、実感をもって理解することはなかなかむずかしいことでしょう。

↑沖縄で法定通貨として流通していたＢ式軍票（Alamy）

韓国から見た日本の紙幣

関係性や立場によって、同じ人物についての評価が異なることはよくあることです。戦後の日本の紙幣には、これまで二宮尊徳・板垣退助・聖徳太子・岩倉具視・高橋是清・伊藤博文・福沢諭吉・新渡戸稲造・夏目漱石などの肖像が使われ、2024（令和6）年からは北里柴三郎・津田梅子・渋沢栄一が登場することになっています。いずれも日本の政治や経済、文化の分野で顕著な功績があり、紙幣の肖像にふさわしいと評価されたからこそ選ばれたわけです。

ところが、**このなかに韓国の政府やマスコミが激しく非難する人物が3人もいるのです。**それは伊藤博文と福沢諭吉、渋沢栄一です。それはなぜでしょうか。次のページではその理由や背景についてお話ししましょう。

その国の紙幣の肖像としてだれを選ぶかは、よその国が干渉することではないよね。でも、そのような感情をもつ国や人もいるということは、知っておいたほうがいいかもしれないよ。

大韓民国最初の紙幣は日本で印刷された

1950（昭和25）年6月に大韓民国の中央銀行として韓国銀行が設立されますが、その直後に朝鮮戦争が勃発しました。そのため新紙幣の発行ができず、急遽日本政府に依頼して大韓民国最初の紙幣が大蔵省の印刷局で印刷され、米軍の軍用機で運ばれました。肖像は大韓民国初代大統領の李承晩、単位は「圓」（円）と表記されていますが、現在韓国通貨の単位である「ウォン」は「円」の朝鮮語読みです。

↑韓国の初紙幣　千円（Alamy）

日本の明治時代初期の
ころの韓国には、紙幣
を発行して流通させる
政治力・経済力がな
かったの。金銀ならば
万国に通用するでしょ
うけど、紙幣は信用の
裏づけがなければ単な
る紙切れにすぎない
わ。だから、信用のあ
る第一銀行から発行さ
れた紙幣を承認せざる
を得なかったのよ。

■■ 渋沢栄一（→ p.116）

　渋沢栄一は、明治時代に日本経済の近代化を成し遂げた最大の
功労者で、1873（明治6）年に第一国立銀行を設立した人物で
す（p.67）。1878（明治11）年に第一国立銀行が釜山の居留地
内に支店を開設すると、日本の通貨が朝鮮に流通しはじめます。
しかし、日清戦争後の三国干渉（1895年）などにより朝鮮国内
でロシアの影響力が強まると、貨幣制度の改変のため日本通貨の
流通が縮小します。そこで、第一銀行（もと第一国立銀行）は、
1902年に韓国政府の承認を受けずに銀行券を発行します。その
銀行券は、実質的な紙幣として流通し、1905年には韓国政府が
正式な紙幣と認定しています。その紙幣に描かれていたのが、当
時頭取だった渋沢栄一の肖像でした。
　近代の韓国ではじめてとなる紙幣に、「侵略者」である日本人
の肖像が描かれているということは屈辱以外のなにものでもな
かったでしょう。紙幣の発行から8年後の1910（明治43）年
には韓国が日本に併合され、紙幣を使うたびに渋沢の肖像を見る
ことになりますから、韓国の人にしてみれば、彼が韓国に対する
「経済的侵略の象徴」と理解されても無理はありません。

↑渋沢栄一の韓国紙幣

■■ 福沢諭吉（→ p.106）

　福沢諭吉は、明治時代に日本の近代化をリードした啓蒙思想家
です。福沢は、その経験を生かして朝鮮の近代化を支援しようと

☆朝鮮
1897年に「大韓帝国」と改称。現
在の大韓民国（韓国）と区別するた
め「旧韓国」と呼ばれることもある。

し、朝鮮国内の開化派に対する経済的・人的援助を惜しみませんでした。しかし1884（明治17）年の甲申事変で、福沢が支援していた開化派はクーデタに失敗し、捕らえられたメンバーやその家族、一族までもが残忍な方法で処刑されたことに衝撃を受け、彼の朝鮮に対する理解が変化します。

福沢が創刊した『時事新報』という新聞の1885（明治18）年3月16日の社説に、『脱亜論』という論説が掲載されます。そこには、日本はアジアでいち早く近代化を進め、アジアの価値観から抜け出した、つまり「脱亜」した国であること。近隣国である清国と朝鮮が古い体制を維持しているのは不幸なことであること。そして、清国と朝鮮は東アジアの「悪友」であり、日本は欧米諸国がこれらの国に接するように接していくべきであると主張したのでした。そのため韓国では、福沢は朝鮮（韓国）をさげすみ、侵略することを肯定した侵略主義者であると理解されているのです。

この社説が福沢の文章であることを直接に示す証拠はありませんが、一般には福沢が書いたものと理解されていますわ。

伊藤博文（➡ p.104）

明治時代に4回も総理大臣を務めた伊藤博文は、日露戦争後の1905（明治38）年11月、第2次日韓協約により統監府が設置されると初代統監に就任しました。そのため、韓国国民には日本の韓国侵略を象徴する人物と理解されたわけです。

その後、1907（明治40）年の第3次日韓協約により、韓国は内政権を奪われ、軍隊も解散させられてしまいました。その結果、抗日武力闘争を展開する義兵運動がさかんになり、1909（明治42）年、そのリーダーの一人である安重根により、伊藤博文は中国のハルビン駅頭で射殺されてしまいます。安重根は伊藤博文殺害を誓い、自らの左手薬指の第一関節を切断していたことからも、その決意のほどがわかります。この事件をきっかけに、翌年には韓国の全統治権を日本が持つこととなりました（韓国併合）。そのような経緯があるので、韓国の人にとって伊藤博文は、独立国の尊厳を奪いとった、許すことのできない人物なのです。

☆日韓協約
日露戦争後、日本が韓国を保護国化する目的で結んだ3次にわたる協約。1次では、韓国政府に日本人の財政・外交顧問をおくことを認めさせ、顧問政治の道を開いた。2次で韓国の外交権を掌握して保護国とし、日本政府の代表機関である統監府を設置した。

韓国で歴史上の人物の人気投票をしたら、文禄・慶長の役の際、豊臣秀吉の水軍を撃破した李舜臣とともに、安重根はつねに上位にランクインするじゃろうな。

戦後の経済復興はインフレーションとの戦いだった！

↑戦時国債（Alamy）

退職した軍人や軍関係者への退職金支払いのため、臨時軍事費が急増したこともインフレの一因だったんだぜ。

↑戦時の貯蓄奨励広告『写真週報』1942（昭和17）年11月11日第246号、内閣情報局

■■戦後に発生したインフレーション

　第二次世界大戦が終わり、経済が復興する過程で、しばしば激しいインフレーションが起こりました。インフレーションとは、貨幣が大量に流通することで貨幣価値が下落し、物価が高騰する経済現象です（p.69）。

　戦争中はさまざまな金融統制が行われたり、貯蓄が奨励されたりしましたが、戦争が終われば、そのような歯止めがなくなります。また、戦争に負けたということは、政府に対する信用が失われたということですから、その政府が発行する紙幣に対する信用も急速に失われます。そのため新しい紙幣が発行されて、今使っている紙幣が無効になってしまうのではないかと心配した国民が、いっせいに預金を引き出そうとしました。その結果、終戦直後には貨幣の流通が一気に増大しました。

　引き出された貨幣は、おもに生活必需品の購入にあてられます。終戦直後は、食糧をはじめとする物資が極端に少なくなっているので、買えるときに買っておかなければ、いつ買えなくなるかわからないと心配になり、生きるためにはどれほど高価であっても買いたいと思うものです。将来の不安に備えて貯蓄するよりも、今日を生きるために貨幣を使わなければならなかったのです。

また、政府の立場からすれば、敗戦により租税収入が激減しているので、とりあえずは国債を大量に発行し、日本銀行（p.68）に買い取ってもらい、復興のための資金を調達せざるを得ませんでした。そういうわけで通貨が異常に膨張し、流通速度が一気に加速したため、インフレーションが引き起こされたのです。

■インフレとの戦い

このような状況に対して、日本政府は**強力なインフレーション収束策を打ち出しました**。実際には単純なことではありませんが、基本的な考え方としては、膨張してしまった通貨を縮小させるわけです。

1946（昭和21）年2月17日、幣原内閣は緊急勅令により金融緊急措置令を発令しました。当時はまだ新憲法がありませんでしたから、旧憲法（明治憲法）にもとづき、国会の議決を必要としない「勅令」という形で法律を定めることができたのです。このときの**金融緊急措置令とは、①それまでの紙幣（旧円）の流通停止、②新紙幣（新円）の発行、③預貯金の封鎖**からなっています。簡単にいえば、通貨を切りかえて金融資産を差し押さえる政策です。具体的には、3月2日以降はこれまでの10円以上の紙幣（旧円）を無効とし、流通を停止させます。そして翌3日から新たに発行する新紙幣（新円）のみ使用を許可します。ただし、硬貨や少額紙幣は対象外とされたため、小銭が貯め込まれて流通しなくなり、少額決済に支障をきたすという問題も発生しました。③の「預金封鎖」とは、預金の引き出しを原則として禁止することです。「旧円は3月2日以降無効」ということは、それまでに使うか預金するしかないということですから、使い切れなかった紙幣はすべて預金せざるを得ないわけです。また、給料をもらっている人は月500円まで新円で支払われ、残りは封鎖預金口座へ振り込まれるようにしました。そして、封鎖預金からの新円での引き出し可能な月額は、世帯主で300円、世帯員は1人各100円に制限します。

✿国債
国が資金調達のために発行する債券。債券と引きかえに、国はお金を借り入れる（借金）。財政規律や通貨安定を損なうおそれがあるため、現在の日本では、中央銀行（日本銀行）が国債を直接引き受けることは原則として禁止されている。

↓**戦前・戦後の物価の動き**
（日本銀行資料による）

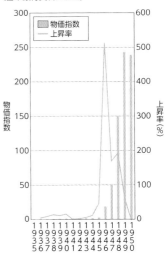

※物価指数は1934〜36年を1とする。
上昇率は対前年比。

↑**旧紙幣を新紙幣に交換するため、銀行の窓口に訪れた人**（毎日新聞社／アフロ）

当時は大学卒業男性の初任給が400〜500円程度でしたから、現在の平均的な初任給を20万円として計算すると、世帯主の300円は約12万円、世帯員が1人4万円くらいのものでしょうか。

このように強制的に財産を預金させておいて、同年11月には財産税法を発令しました。これは3月3日の時点で強制的に金融資産を申告させ、それに対して財産税を負担させるという法律です。金融資産が10万円以下である場合は課税されませんが、それをこえる場合は、最低でも25％、最高で90％が税金として没収されてしまいました。これは富裕層にとっては大打撃となりました。**ずいぶん乱暴な方法ですが、これによって国は国債を返済して財政破綻を免れ、貨幣の流通を一気に縮小させてインフレーションを一時的に抑制することができたのです。**

このとき発行された新円紙幣は、聖徳太子が肖像となった百円券と国会議事堂が描かれた十円券でした。しかし、せっかくの新十円券のデザインは、「米国」という漢字に見えることから、GHQの陰謀が

↑新しい日本銀行券　十円券（上）と百円券（下）
（1946〈昭和21〉年）（Alamy）

渋沢栄一の孫

　新たに一万円券の肖像となる渋沢栄一は、日本の近代貨幣制度や資本主義社会の確立に大活躍しましたが、その孫である渋沢敬三も同じように活躍しています。元々は動物学や民俗学に関心があったのですが、祖父栄一から財界で活躍するようにと土下座して懇願され、横浜正金銀行や第一銀行に勤めて経験を積みます。そして1944（昭和19）年には日本銀行総裁になりました。そして敗戦後、姻戚関係にあった幣原喜重郎首相の要請により大蔵大臣に就任します。その在任中に金融緊急措置令による預金封鎖と新円切り替えや財産税法により、インフレーションの抑制と国債等の整理にあたりました。

　財産税法は富裕層の金融資産を財産税として取り上げてしまうものでしたから、だれであろうと非難の矢面に立たされる立場でした。渋沢本人もそれなりの資産を保有していて、自分自身の資産も大半を失うことになるわけです。しかし、それを百も承知で火中の栗を拾います。その決断には、祖父栄一の生涯が大きく影響したことでしょう。

あるのではという悪評が立ちました。たしかにそういう目で見てみると、見えないこともありません。また、新円紙幣の印刷が間に合わないため、回収した旧円紙幣に切手のような証紙を貼り、新円として流通させました。

↑証紙貼付銀行券（1946〈昭和21〉年）

戦後に発行された硬貨

記念硬貨は別として、現在では金貨や銀貨は日常的には流通していません。硬貨はもっぱら少額の貨幣であり、紙幣よりは身近な存在です。貨幣の発行は国家権力の行使の一つですから、政治の影響が直接反映されます。まずは国名が「大日本」から「日本政府」、さらには「日本国」にかわります。また国威を高めることを意図したデザインがなくなり、平和や産業の復興を表すデザインにかわりました。

1945（昭和20）年、錫製の5銭硬貨は、表面がそれまでの菊紋・桐紋・瑞雲から、平和の象徴である鳩がはばたいている絵柄にかわります。ただし、菊紋と桐紋は表裏に残りました。また同年には、10銭硬貨が錫製からアルミニウム製にかわり、絵柄も稲穂と桜にかわります。稲穂が選ばれたのは、農業復興による食糧増産という願いが込められているからでしょう。

新しい硬貨の原材料には、錫とアルミニウムが用いられましたが、造幣局に備蓄されている錫とアルミニウムがいずれ底をつくことが予想されました。そして激しいインフレーションにより、少額の「銭」を単位とする硬貨が必要なくなってしまうと予想され、錫やアルミニウムにかわる硬貨の原材料が問題となったのです。アルミニウムも錫もだめとなると、考えられるのは鉄でしょうか。しかし、江戸時代の鉄銭でも明らかなように、鉄は錆びやすく、見た目や保存の点から硬貨の材料には適していません。そこで、次に考えられたのが、薬莢や弾帯という形で軍にたくさん残っていた黄銅（真鍮）でした。

↑銀行券証紙

錫は柔らかくて、低温で溶けちゃうから、硬貨には適してないんだけど、安定して確保できて、額面以下の費用でつくれるという条件に合う金属が、ほかになかったんだよ。

表　　　裏

↑錫貨　5銭
（1945〈昭和20〉年）（Alamy）

✿黄銅
銅と亜鉛の合金で、銅が6〜7割、亜鉛が3〜4割含まれる。比率に幅があるのは、兵器のスクラップを材料としていたためである。

↑アルミニウム貨　10銭
（1945〈昭和20〉年

↑黄銅貨　50銭（大型）
（1946〈昭和21〉年）（Alamy）

↑黄銅貨　50銭（小型）
（1947〈昭和22〉年）

　こうして1946（昭和21）年から黄銅製50銭硬貨の製造がはじまりました。表面には縁起のよい鳳凰、裏面には稲穂・歯車・鍬・鶴嘴・魚があしらわれています。つまり農業・水産業・工業・建築業が一体となって発展するという願いが表されているのです。**かつての兵器が溶かされ、平和をめざす新日本の復興を象徴している、じつに素晴らしい絵柄です。**

　ところが、この50銭硬貨が長く使われることはありませんでした。戦後の激しいインフレーションにより貨幣価値が下落すると、直径23.5mm、重さ4.5gもある黄銅製硬貨の流通を維持することができなくなったからです。貨幣の実質的価値よりも地金としての価値が上回ると、流通せずに鋳つぶされてしまう可能性が出てきたのです。そのため、1947（昭和22）年には、小型の黄銅製50銭硬貨を新たに発行しましたが、インフレーションはさらに進行し、ついに銭の単位の貨幣を発行することが困難となり、翌年には穴なしの黄銅製5円硬貨が発行されました。その表面には国会議事堂が、裏面には鳩と梅花が描かれています。国会議事堂が建てられたのは1936（昭和11）年ですが、この場合の国会議事堂は議会制民主主義、鳩は平和の象徴でしょう。これもいかにも新生日本にふさわしいデザインとなっています。しかし、おさまることのないインフレーションにより、この穴なしの黄銅製5円硬貨も短命に終わり、現在の黄銅製5円硬貨に移行します。

硬貨の表と裏

　平面的なものにはすべて表と裏がありますから、当然のことながら貨幣にもあるわけです。紙幣ならなんの問題もないのですが、硬貨の場合は法律で表裏が決められていました。明治時代前半には、中国で皇帝の象徴とされていた龍が描かれているほうが表だったのです。しかし日清戦争で清（中国）に勝利すると、龍は中国由来であるとして、龍紋をやめて皇室の紋章である菊紋にかわり、それがあるほうが表となりました。第二次世界大戦後は菊紋もなくなり、表裏を定めた法律もなくなってしまったため、現在の硬貨には表と裏の根拠はありません。しかし造幣局では作業の都合上、年の表記があるほうをまずは裏とし、その反対を表としています。

新通貨ができるたびに 飛躍的に進化する 偽造防止の技術

■■ 最先端の技術が凝縮された日本の紙幣

　ここまでお話ししてきたように、古今東西の通貨の歴史には、つねに偽造通貨との戦いがついて回りました。日本では早くも和同開珎直後から出現していました。通貨偽造の技術が進歩すれば、通貨製造技術はそれを上回るべくさらに技術が進歩するといったように、際限のない競争が続けられてきました。しかし、日本における偽造通貨の発生率は、欧米諸国と比較すると、けた違いに少ないのが現状です。それは日本の通貨の偽造抵抗力がきわめて高く、つねに進化し続けていること、さらに紙幣にはその技術が凝縮されていることによっています。

　2019（令和元）年の１年間に、警察庁が把握した日本の偽造紙幣は2,887枚もあったんだよ。「超多い！」と思うかもしれないけど、2008年にはヨーロッパのユーロ紙幣では日本の240倍、アメリカのドル紙幣では473倍もの偽造紙幣が発見されているんだ。日本の偽造防止技術はすごいんだぞ。

1年間に印刷される紙幣は30億枚！

　海外に旅行をすると、ヨレヨレになった紙幣を見かけることがありますが、日本ではつねに紙幣の質が保たれるよう、新しい紙幣に交換されています。使用頻度の高い千円券は１〜２年で順次交換されています。五千円券も同じくらいの年月で交換されていますが、一万円券は４〜５年ほど流通しています。傷んだ紙幣は廃棄されるため、国立印刷局では１年間に約30億枚もの紙幣が印刷されています。紙幣１枚の厚さは約0.1mmですから、100枚で約１cmの厚さになります。１年間に印刷される紙幣を積み上げると、約300km！　富士山の約80倍もの高さになります。

偽造を防ぐためのしくみと肖像の選び方

紙幣の偽造を防ぐため、その製造にはさまざまな工夫がされています。まず、**偽造防止の観点から、紙幣のデザインはおよそ20年周期で新しくしています**。また、かつては、紙幣の肖像となる人物はひげのある男性がほとんどでした。それは微細な線による描写があると偽造しにくくなり、また本物と偽物を見分けやすくなるからでしょう。かつて紙幣の代名詞であった聖徳太子（p.94）はそのよい例です。近年は偽造防止技術が進歩したため、ひげの有無は問題ではなくなり、新しく発行される一万円券の渋沢栄一（p.116）にはひげがありません。また、2004（平成16）年には、日本銀行券では女性としてはじめて肖像に樋口一葉（p.114）が採用され、2024（令和6）年に発行される新紙幣の肖像にも津田梅子（p.118）が決定しています。

以下は、国立印刷局で紹介している「肖像の選び方」です。

肖像をはじめとする紙幣の様式は、財務省、日本銀行、国立印刷局の三者で協議し、最終的には日本銀行法によって財務大臣が決めることになっているのよ。

肖像の選び方

1 日本国民が世界に誇れる人物で、教科書に載っているなど、一般によく知られていること

2 偽造防止の目的から、なるべく精密な人物像の写真や絵画を入手できる人物であること

また、**紙幣の印刷にあたっても、私たちでは手に入れることができない紙やインキが使われています**。紙は、強靭性、耐久性があり、偽造防止技術がほどこされている専用の用紙が使われています。

また、**現在発行されている紙幣には20色以上の色が使われています**。用紙やインキの製造から国立印刷局で一貫して行っているため、そっくり同じようなものをつくるのはむずかしそうです。それでは、次のページから紙幣の偽造防止技術を具体的に見ていきましょう。

紙幣専用の用紙とは？

原材料には和紙の原料にも使われる三椏という低木の樹皮や、バナナの木に似たマニラ麻の葉の繊維も混ぜられているのですが、配合比率は極秘です。

偽造を防ぐ高度な技術

　紙幣を拡大してみるとわかりますが、凹版印刷（p.88）で印刷されている部分は、**肖像も文字も模様もすべて超細密な線と点で描かれていて、塗りつぶされている部分はありません**。線は1mmの幅に何本も引けるほど細く、肖像は写真から直接製版するのではなく、すべて工芸官という彫刻の専門職員が手作業によって金属原版に彫刻しています。また、紙幣には「マイクロ文字」といって、拡大しなければ見えないほど微細な文字がたくさんちりばめられています。ここまで細かいと、**カラーコピー機で複写しても再現はできません**。では、偽造防止技術を一つずつ見ていきましょう。

❶透かし

　偽造防止技術でよく知られている「透かし」は、「すき入れ」とも呼ばれ、江戸時代の藩札にも用いられていた古くからの技法です。紙を漉く際に部分的に厚さを変えて、紙の薄い部分は光が透けて通るので白っぽく見え、厚い部分は黒っぽく見えるようにしたものです。これを「白透かし」「黒透かし」といい、両者を併用することによって濃淡が表現され、立体感のある透かしをつくり出すことができます。現在の紙幣では、中央のなにも印刷されていない楕円内に、人物肖像と同じ透かしがほどこされています。

★

↑透かし

マイクロ文字
高性能のカラーコピー機やスキャナーでも再現が困難なほど微小な文字で、「NIPPONGINKO」というマイクロ文字が印刷されている。

識別マーク
各紙幣の左右下部に、金額によって異なる識別マーク（千円券には横棒、二千円券には○が縦に3つ、五千円券には八角形、一万円券にはかぎ形のマーク）が印刷されている。目の不自由な人も、手で触ると紙幣の金額がわかる。

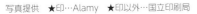

写真提供　★印…Alamy　★印以外…国立印刷局

↑すき入れバーパターン

↑ホログラム

↑潜像模様

↑深凹版印刷

❷すき入れバーパターン

　透かし技術の一つで、光に透かして見ると、肖像の左肩のあたりに縦の棒状の透かしが見えます。一万円券には3本、五千円券には2本、千円券には1本入っています。

❸ホログラム

　五千円券と一万円券の左下隅に銀色に輝く部分がありますが、角度を変えることで、額面の算用数字、「日」の漢字の古代書体の一種で日本銀行の行章、桜の花と見えるものが変わります。2024（令和6）年に発行される新紙幣ではホログラムが進化し、肖像の立体画像が回転する予定です。

❹潜像模様

　各紙幣の左下部に1cm×2〜3cmくらいの微細な網目の曲線模様に囲まれた部分があります。角度を変えると、額面数字が見えたり隠れたりするでしょう。また、「壱万円」「五千円」「千円」「弐千円」と大きく額面が書かれている裏面には、「NIPPON」の文字が浮かび上がります。

❺深凹版印刷

　インキを盛り上げて印刷する技術です。額面と「日本銀行券」「日本銀行」の文字と肖像等がそのように印刷されています。見た目ではまったくわかりませんが、指先でなぞってみると、凹凸がわかります。深凹版印刷は紙幣の左右下にある識別マークにも用いられていて、偽造防止のためだけでなく、目の不自由な人が金額を識別するのにも役立っています。

紙幣の肖像が右側にあるのはなぜ？

　米ドル紙幣では、肖像が中央におかれていますが、これは世界的にはめずらしいことです。中央に配置すると、顔に折れ目がついてしまうからでしょう。左におかれたのは、日本では1915（大正4）年の和気清麻呂を描いた十円券だけで、コレクターには「左和気」の通称で人気があります。日本で右側に肖像がおかれている紙幣が多い理由として考えられるのは、日本人は右利きが多いので、肖像の原版を彫刻する工芸官は肖像が右におかれるほうが描きやすかった（植村峻＊氏談）、また、紙幣を数える場合、右利きの人には右側に肖像があったほうが数えやすいということが考慮されたのかもしれません。

＊植村峻（1935〜）紙幣研究家。58年から大蔵省印刷局に勤務。退職後は紙幣の歴史や技術の研究、著述や講演活動を展開している。

↑潜像パール模様

←パールインキ

↑潜像模様

↑パール印刷

❻パールインキ

　紙幣を傾けると、左右両端の中央部に、わずかにピンク色に光るオビが見えます。「パールインキ」という特殊なインキで印刷されている部分が真珠の表面のように輝いて見えるのです。

❼潜像パール模様

　紙幣の角度を変えると、千円券の左下の部分に「1000」の文字と、「千円」の文字がそれぞれ浮かび上がります。「1000」は潜像模様、「千円」はパール印刷という技術です。

❽特殊発光インキ

　紫外線をあてると、表面の日本銀行の「総裁之印」と表裏面の模様の一部が発光します。

↑特殊発光インキ

●光学的変化インキ

　二千円券では、右上部の「2000」という青色の数字が「光学的変化インキ」という特殊なインキで印刷されています。そのため、紙幣を傾けると紫色に変化します。

→光学的変化インキ

↑潜像加工

↑斜めギザ

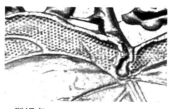

↑微細点

↑微細線

（写真はすべて造幣局提供）

■■硬貨の偽造防止技術

●潜像加工

　紙幣ではないので印刷技術ではありませんが、見る角度により文字が見え隠れする「潜像加工」という技術があります。貨幣の角度を微妙に変化させると反射する光の方向が変わるので、そのときに生じる光の明暗を利用したものです。このしかけは、金額の「500」という算用数字の「00」のなかに隠されています。貨幣の角度を変えてよく見てみると、「0」のなかに「500円」という字が見えてくるでしょう。

●斜めギザ

　50円硬貨、100円硬貨の側面にはまっすぐにギザギザが刻まれていますが、500円硬貨の側面には斜めにギザギザが刻まれています。これも偽造防止に効果があります。まっすぐに刻むことは比較的容易なのですが、斜めに刻むことは技術的にむずかしく、大量生産される硬貨としては、世界ではじめてこの技術が採用されました。

●超微細加工

　もう一つの偽造防止技術は、超微細な点や線による加工です。3枚の桐の葉の中央の葉の柄に近い部分には、肉眼でようやく見えるかどうかというくらいの微細な点が密集しています。これを「微細点」といいます。また桐の上下の扇形に「日本国」と「五百円」の文字が見えますが、その文字の下に放射状に超微細な線が刻まれています。この溝は髪の毛より細く、「微細線」と呼ばれています。このような微細な加工は、いずれも転写による偽造を防いでいるのです。

　これらの超微細加工は、なんとか肉眼で確認できますが、500円硬貨には、じつはもっとこまかな隠し文字がほどこされているのです。それは「500」という数字と桐の花に、「NIPPON」という文字が1字ずつバラバラに隠されているというのですが、肉

眼ではまったく確認することができません。これは日常的に使用する人が識別するためのものではなく、偽造事件などの犯罪捜査の手がかりとなるものなのでしょう。

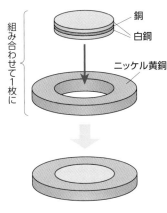

⬆バイカラー・クラッド
異なる種類の金属板をはさみこんでつくったクラッド材と呼ばれる3層構造の円板を、別の金属でつくったリングの中にはめ合わせて「バイカラー（2色）」の硬貨に仕立てるもの。

新硬貨に導入される最新の技術

　これだけすぐれた技術がほどこされている500円硬貨ですが、2019（平成31）年4月9日、財務省は2021（令和3）年度上期までにさらに新しい500円硬貨を発行することを発表しました。**新しい硬貨は、「バイカラー・クラッド」という複数の金属を使用する新技術が導入されたもの**になるそうです。金融機関のATM（現金自動預け払い機）や自動販売機などは合金の電気伝導率などから偽造硬貨を判別しているため、素材を複雑に組み合わせることで、より偽造防止効果を高めようとしているそうです。また、側面のギザも、ギザの一部を他のギザとは異なる形状にした「異形斜めギザ」を導入した新たなものになり、**貨幣の縁の内側には新たに微細文字がほどこされる**そうです。もちろん製造年も新元号の「令和」になります。技術の進歩の速さには、ただ驚くばかりです。

新貨幣発行の経済効果

　2021（令和3）年から2024（令和6）年にかけて、新500円硬貨と新紙幣が発行されることになりました。現在、そこで生じるさまざまな特別な需要、経済効果が期待されています。
　現在流通している一万円券を1枚製造するのに約25.5円、500円硬貨には約64.5円かかっています。新しい貨幣はさらに高度で複雑な印刷・製造技術が必要ですから、単価はさらに上がることでしょう。発行数にもよりますが、数千億円になると予想されます。また、私たちが普段なにげなく使っている金融機関のATM、自動販売機なども見直しが必要になります。新貨幣の印刷・製造費用と、自動販売機などの改修・買い換え費用の合計が、1兆円をこえることは確実です。この新貨幣の発行が、日本の経済成長率に多少なりとも影響を与えることが十分に期待できるでしょう。

現在発行されている 硬貨

　現在発行されている硬貨は、1円アルミニウム貨、5円黄銅貨、10円青銅貨、50円白銅貨、100円白銅貨、500円ニッケル黄銅貨の6種類です。ここではとりあえず「表」「裏」と区別しましたが、現行硬貨の表裏について法律上の規定はありません。ただ便宜上、造幣局では発行年が書かれているほうを裏としています。

〈表〉若木　　〈裏〉1

1円アルミニウム貨

1955（昭和30）年にはじめて発行された、現行硬貨ではもっとも古いもの。消費税が導入された1989（平成元）年から1991（平成3）年にかけては、合計約74億枚も発行された。

素　材	アルミニウム100%
直　径	20.0 mm
量　目	1.00 g
発行開始	1955（昭和30）年

〈表〉稲穂、歯車、水　　〈裏〉双葉

5円黄銅貨

1959（昭和34）年に発行された。それまでは穴のない黄銅貨が使用されていたが、インフレーションの進行により貨幣価値が下がったため、直径はそのままで中央に穴をあけて軽くした。

素　材	銅60〜70%、亜鉛40〜30%
直　径	22.0 mm
量　目	3.75 g
発行開始	1959（昭和34）年

〈表〉平等院鳳凰堂、唐草　　〈裏〉常盤木、10

10円青銅貨

1958（昭和33）年発行のものまでは外周に「ギザ」がついていた。ギザのついている100円硬貨が発行されたため、大きさがあまり変わらずまぎらわしいため、ギザがなくなった。

素　材	銅95%、亜鉛4〜3%、錫1〜2%
直　径	23.5 mm
量　目	4.5 g
発行開始	1959（昭和34）年

〈表〉菊花　　〈裏〉50

50円白銅貨

1955（昭和30）年に穴なし50円ニッケル貨が、1959（昭和34）年に穴あり50円ニッケル貨が発行された。100円硬貨よりも大きかったため、100円銀貨が白銅貨にかわるのに合わせて、現在の50円白銅貨になった。

素　材	銅75%、ニッケル25%
直　径	21.0 mm
量　目	4.0 g
発行開始	1967（昭和42）年

〈表〉桜花　　〈裏〉100

100円白銅貨

現在の100円白銅貨は戦後3代目。初代、2代目ともに銀60%の銀貨だったが、工業原料としての銀の需要が世界的に高まり、価格が高騰したために、1967（昭和42）年、白銅貨にかえられた。

素　材	銅75%、ニッケル25%
直　径	22.6 mm
量　目	4.8 g
発行開始	1967（昭和42）年

〈表〉桐　　〈裏〉竹、橘、500

500円ニッケル黄銅貨

高額な商品を扱うさまざまな自動販売機がつくられるようになり、500円硬貨の発行が要求されたため、1982（昭和57）年に発行された。2021（令和3）年に、新技術を導入した新貨幣が発行される予定。

素　材	銅72%、亜鉛20%、ニッケル8%
直　径	26.5 mm
量　目	7.0 g
発行開始	平成12（2000）年

（写真はすべてアフロ）

第2部

だれかに話したくなる 紙幣の 肖像人物伝

紙幣で見たことがあるあの人はどんな人なのかな？

どうして紙幣の肖像に選ばれたのかその理由もわかるわよ！

日本の紙幣にもっとも多く登場した！

聖徳太子 574～622

7世紀初頭の推古天皇（在位593～628）の時代に、皇族として有力豪族の蘇我馬子とともに政権を支え、冠位十二階や憲法十七条の制定、遣隋使の派遣など、多くの業績を残した。

近 年の日本史の教科書では、「聖徳太子」ではなく「厩戸王」と呼ばれています。もともとの名前が「厩戸皇子」で、「聖徳太子」はその人格の高潔さを讃えて贈られた呼び名です。聖徳太子の肖像が紙幣にはじめて登場したのは1930（昭和5）年に発行がはじまった百円兌換券で、以来、**戦前に2回、戦後にも5回登場**しています。このように戦前・戦後にまたがって登場している人物は、聖徳太子一人だけです。最後に登場したのは1958（昭和33）年の一万円券ですが、福沢諭吉の一万円券が登場したのが1984（昭和59）年ですから、**半世紀以上にわたり使われていた**ことになります。聖徳太子の紙幣がこれほど親しまれたのは、その歴史的業績が高く評価されていたことや、比較的精密に描かれた肖像画が残っていたことによります。もっともその肖像画については、近年は「聖徳太子ではない」と学術的に疑問視され、教科書でも「伝厩戸王像」と表記されています。

　一万円券が発行された1958（昭和33）年当時は、大学卒業の初任給が男性で1万円をわずかにこえるかどうかという程度でした。**現在の感覚としては、二十万円紙幣くらい**の印象でしょう。ちなみに、そのころの郵便料金は、はがき1枚が5円、封書の最低料金が10円でした。

肖 像とともに表裏に描かれているのは、法隆寺の全景や夢殿で、いずれも聖徳太子に縁のある建造物です。四天王寺や法隆寺を建立したことから、聖徳太子は**古くから建築関係の職人の守護神として信仰**されてきました。現在でも工事の安全を祈願して、聖徳太子が祀られることがよくあります。聖徳太子は寺院建築のために、百済から金剛重光という宮大工を呼び寄せました。この金剛重光が組織した宮大工の仲間が、現在も続く「金剛組」という寺社や城・文化財を専門とする建設会社となり、1,400年前に創業した世界最古の企業として認定されています。

✿正貨と交換することが規定された銀行券または政府発行の紙幣の総称。
✿現在は、はがき1枚が63円、封書の最低料金が84円（2020年7月）。

↑ 乙百円券（1930〈昭和5〉年発行）
1946（昭和21）年に支払停止となった。

↑ い百円券（1944〈昭和19〉年発行）
1946（昭和21）年に支払停止となった。

↑ ろ百円券（1945〈昭和20〉年発行）
1946（昭和21）年に支払停止となった。

↑ A百円券（1946〈昭和21〉年発行）
1956（昭和31）年に支払停止となった。

↑ B千円券（1950〈昭和25〉年発行） 表
1965（昭和40）年に支払停止となったが、現在も
使用できる。

↑ B千円券 裏

↑ C五千円券（1957〈昭和32〉年発行）
1986（昭和61）年に支払停止となったが、現在も使用できる。

↑ C一万円券（1958〈昭和33〉年発行）
1986（昭和61）年に支払停止となったが、現在も使用できる。

※支払停止とは、日本銀行から市中銀行への支払いを停止すること。
※写真はすべて Alamy

なにをした人なのか意外に知られていない？
二宮尊徳 1787〜1856

江戸時代末期に関東から南東北の農村復興に尽力した。
逆境にめげず勤勉をつらぬき、すぐれた発想や実践力で
財政再建、農村復興の仕事（報徳仕法）に生涯をささげた。

相模国足柄郡栢山村（現在の小田原）を流れる酒匂川に近い農家の長男として生まれました。しかし5歳のとき、酒匂川の氾濫により農地を失ってしまいます。また14歳で父、16歳で母を失い、弟たちとは別々に親戚の家にあずけられ、一家離散という苦難のどん底に突き落とされました。それからは昼間は働き、夜は勉学に励みましたが、灯油がもったいないと、あかりを灯して本を読むことを禁止されます。

↑二宮尊徳の生家（小田原市尊徳記念館）
江戸時代中期に祖父の銀右衛門が建築した家屋を復元したもので、約250年が経過している。足柄地方の典型的な中流農家住宅である。
（写真提供：小田原市尊徳記念館）

そこで川の堤防にアブラナを植え、菜種油を灯油に利用しました。すると、農民に学問はいらないと、勉強することを禁止されます。そこで薪を背負って歩きながら、本を読んだのでした。

やがて親戚の家から独立した尊徳は、空地を探しては稲を植え、年々収穫を増やしつつ、数年でついに農地を買い戻して一家の再興に成功します。これを聞きつけた小田原藩の家老からその家の財政再建を依頼されると、5年計画で莫大な負債を返済し、さらに余剰金さえ生まれました。その余剰金300両を報酬として贈られたのですが、自分のためには一銭も受け取りませんでした。このことから、尊徳の評判は広く知れわたります。300両が、現在どれほどの価値であるかは、江戸時代の小判金の説明にもどって確認してみましょう（p.45）。こうして関東各地から荒廃した農村の復興を依頼されるようになり、復興のため生涯にかかわった村は600に達します。

二宮尊徳を祀る神奈川県小田原市の報徳二宮神社（上）と、境内にある「少年二宮金治郎像」（右）
（写真提供：報徳二宮神社）
（ピクスタ）

前、「修身」と呼ばれた道徳の教科書に尊徳が孝行と勤勉の手本として取り上げられ、その挿絵をもとに、薪を背負って歩きながら読書する尊徳の像がつくられました。戦前には、どこの小学校にも尊徳の像が立てられ、教科書にも登場しました。そのため、一般には「尊徳」よりも幼名の「二宮金治郎」のほうがよく知られています。勤勉であることは大切なことなのですが、歩きながら本を読むことは現在ならば歩きスマホと同じで、危ないのでとてもすすめられません。

　尊徳は神道・仏教・儒教などを独学で学び、農業の実践から豊かに生きるための知恵を編み出しました。そして、経済と道徳の融和を訴え、私利私欲に走るのではなく社会に貢献すれば、いずれ自分自身に還元されると説きました。尊徳が広めたその思想は、報徳思想と呼ばれます。

二宮尊徳が肖像となった一円券が発行されたのは 1946（昭和 21）年です。**戦前は「勤勉」の代名詞のような存在**で、子どもから大人までだれもが知っていましたから、尊徳が紙幣の肖像として選ばれたのは、節約と勤勉によって日本を復興させようという意図があったのかもしれません。その年の郵便料金ははがきが 15 銭、封書の最低料金は 30 銭でしたから、「たかが 1 円」とはいえない価値がありました。しかし、戦後の急激なインフレーションのため、その紙幣としての価値が下落し、1955（昭和 30）年に 1 円アルミニウム硬貨が発行されると、ほとんど姿を消してしまいます。ですから、使用した記憶のある人は、昭和 30 年代前半を体験している世代以上になってしまいました。

↑ 一円券（1946〈昭和 21〉年発行）
（Alamy）
1955（昭和 30）年にアルミ製の 1 円硬貨が発行されたことにより姿を消したが、現在も使用できる。

第2部　二宮尊徳

97

近代日本、立憲君主制の基礎を築くのに活躍した
岩倉具視 1825～1883

明治維新の際に活躍した政治家。幕末には倒幕を唱え、王政復古を断行。明治政府において日本の近代化に力を注ぎ、大日本帝国憲法の基本方針を定めた。

身分の低い公家の家に生まれ、13歳で岩倉家の養子となりました。岩倉家も公家のなかでは身分が高くなく、貧しい生活を送りますが、若いときから政治運動を行うなど、岩倉の行動力は周囲から一目置かれていました。そして幕末には、幕府と朝廷の提携をはかる**公武合体派**として、**和宮降嫁を推進**します。そのため尊王攘夷派から非難され、5年間も謹慎する時期がありました。しかし、その謹慎期間中に、大久保利通・坂本竜馬・中岡慎太郎らと接触することとなり、討幕派へ転向します。そして1867（慶応3）年、大久保利通らと断行した王政復古に成功したのちは、**明治新政府において重要な役職を歴任**し、版籍奉還や廃藩置県に際しては政府に意見書を提出して概要を示しています。

↑ 1864（元治元）年から1867（慶応3）年までの3年間、隠棲していた岩倉具視幽棲旧宅（京都市左京区）。（写真提供：植彌加藤造園）

1871（明治4）年には使節団をともない、特命全権大使として1年10か月にわたり欧米を視察しています。帰国後は、西郷隆盛や板垣退助らの征韓論と対決して国内の政治を優先させました。征韓論とは、武力によって朝鮮を開国させようとする主張です。また、**大日本帝国憲法**においては、君主が定める欽定憲法制定の方針を示す一方で、皇族、華族の保護に力を注ぎました。

1883（明治16）年7月5日に病床

←岩倉遣欧米使節団
1872年、ワシントンでの一行。左から木戸孝允、山口尚芳、岩倉具視、伊藤博文、大久保利通。
（写真提供：山口県文書館）

の岩倉を見舞った明治天皇は、病状が重いことを聞き、19日にふたたび岩倉を見舞います。岩倉はその翌日に亡くなるのですが、天皇がじきじきに、しかも短期間に２回も足を運ぶのは前代未聞のことであり、それだけ明治天皇に信頼されていたということがわかります。７月25日には日本で最初の国葬が行われています。

↑岩倉高校
1897（明治30）年に「私立鉄道学校」という名称で開校。６年後、「岩倉鉄道学校」と改称した。校章は岩倉家の家紋「笹竜胆」と鉄道の「レール」を組み合わせたデザイン。
（写真提供：岩倉高校）

岩倉の隠れた功績としては、**鉄道の敷設に尽力**したことがあげられます。それは、欧米に使節として派遣されたとき、鉄道の発展こそが国家の発展の原点の一つであると実感したからでした。岩倉が中心となり、華族や士族が出資した日本最初の私立鉄道会社である日本鉄道が設立され、東北本線・山手線・常磐線・高崎線などが敷設されました。上野駅のそばに鉄道関係の教育を行う大変めずらしい私立高校があるのですが、岩倉の鉄道における功績にちなんで、岩倉高等学校と名づけられています。

紙幣の肖像として登場したのは、1951（昭和26）年に発行された五百円券です。また1969（昭和44）年の五百円券にも採用されています。裏面はいずれも富士山の遠景で、1942（昭和17）年に山梨県大月市の雁ヶ腹摺山山頂（標高1,874m）から撮影された写真が原画になっています。

　500円硬貨が発行されたのは1982（昭和57）年ですが、五百円券は1985（昭和60）年まで発行され、1994（平成6）年に支払停止となりました。ですから昭和時代の末期までに生まれた人は、使用した記憶があることでしょう。

　なお、最初に五百円券が発行された1951年の郵便料金は、はがきが５円、封書の最低料金が10円、２回目に登場した1969年には、はがきが７円、封書の最低料金は15円でした。

↑五百円券（1951〈昭和26〉年発行）
(Alamy)
1969（昭和44）年の五百円券にも採用されている。裏面はいずれも富士山の遠景。1971（昭和46）年に支払停止となったが、現在も使用できる。

⬆天皇を敬う「尊王論」と、外敵をしりぞけようとする「攘夷論」が結合した思想。

民衆が参加できる政治の実現を訴えた

板垣退助 1837〜1919

「板垣死すとも自由は死せず」の言葉が有名な明治時代の政治家。日本人のだれもが政治に参加する自由があると考え、日本の民主政治の基礎をつくった。

自由民権運動の先駆者であった板垣退助は、土佐藩士の長男として、江戸時代に生まれました。子どものころはガキ大将でしたが、やがて文武の修業に励むようになり、藩内で頭角をあらわすようになります。若いときには、大政奉還を掲げる土佐藩のなかにあって**討幕**を主張したり、**戊辰戦争**では甲斐国で新選組を打ち破ったり、東北諸藩を無血降伏させたりするなど、軍の指揮官として活躍しました。

土佐藩兵を率いて転戦した戊辰戦争では、日光東照宮に立てこもろうとした**旧幕府軍に撤退**するよう働きかけ、そのおかげで東照宮は被災せずにすみました。その功績から、のちに東照宮のそばに銅像が立てられました。その像は大戦中に金属として供出されてしまったのですが、1967（昭和42）年に再建されて、今も凛々しい姿を見せています。現在も多くの人が日光東照宮を参詣・見学できるのは、板垣退助のおかげかもしれません。戊辰戦争では、旧幕府側で最後まで抗戦した会津藩が降伏すると、板垣は「逆賊」の汚名を着せられた会津の名誉回復に努めました。

↑板垣退助の像は高知・日光・岐阜・青梅などにあるが、この像は岐阜公園のもの。　　　　(PHOTOCK)

明治維新後、新政府の参与となり要職を歴任しますが、1873（明治6）年の**征韓論問題**では、西郷隆盛とともに大久保利通らの内治派と対立し、結局は敗れ、政府を去ることになってしまいました。そして、選挙によって選ばれた議員による議会を設立すべきであるという意見書（**民撰議院設立建白書**）を新聞に公表するのですが、これがそもそも自由民権運動のきっかけになりました。

　自由民権運動がはじまると、故郷の土佐で政治結社の立志社を、さらに全国的組織として愛国社や国会期成同盟を結成します。そして10年後の国会開設が決まると、いち早く自

由党を結成して自ら総理（党首）となり活躍しました。また、国会開設後も民権的政治の実現を目標として掲げ、1898（明治31）年に発足した日本初の政党内閣である第一次大隈内閣に内務大臣として入閣しましたが、内部対立によって内閣が総辞職したあとは、政界から引退してしまいます。青年時代には軍事指揮官として、壮年時代には自由民権運動の闘士として活躍しましたが、国会開設後に政治家として活躍する場面はあまりありませんでした。板垣は、自由民権運動がさかんであった1882（明治15）年、岐阜で演説を終えて宿舎に向かおうとしたとき、刺客に襲われて負傷しました。そのとき、板垣を監視するためにその場にいた警察関係者の報告書には、「**我死スルモ　自由ハ死セントノ言を吐露スル**」と記されています。

　わんぱくだった少年時代を経て、成人しても激しい闘争心の持ち主でしたが、敵対した者を恨むことなく、公正な感覚を持ちあわせた人物でした。岐阜事件の暴漢について特赦を明治天皇に願い出るなど、寛大な心を持っていました。

紙幣の肖像として登場したのは、1948（昭和23）年に発行された五十銭券が最初で、1953（昭和28）年に発行された百円券にも登場しています。いずれも裏面には国会議事堂が描かれ、議会政治の実現に大活躍した板垣退助にふさわしいデザインとなっています。ただし国会議事堂が完成したのは1936（昭和11）年ですから、板垣自身がそれを見たわけではありません。立派なひげをたくわえていますが、実際の写真と見比べると60～70歳くらいにかけてのものと思われます。なお、2回目に百円券が発行された1953年の郵便料金は、はがきが5円、封書の最低料金が10円だったので、そこから計算すると、現在なら千円券に近い価値がありました。1957（昭和32）年に100円硬貨が登場すると、インフレーションが進んで価値が目減りした百円券は、少額の支払いには不便であるため、1974（昭和49）年に支払停止となりました。

(Alamy)

← **百円券（1953〈昭和28〉年発行）**
1957（昭和34）年発行の100円銀貨、その10年後に切りかえられた白銅貨とも並行して流通していた。1974（昭和49）年に支払停止となったが、現在も使用できる。

🔼 1868（慶応4）年1月から翌年5月まで行われた、新政府と旧幕府勢力間の内戦。

波乱万丈の生涯を送った財政の天才

高橋是清 1854～1936

日銀総裁を経て、大蔵大臣、内閣総理大臣を務めた。
持ち前の「積極財政」で日本経済の礎を築き、昭和恐慌後の
景気回復にも大きな力を発揮した。

近　現代の財政通の政治家としては、まずは松方正義（p.69）があげられますが、その次の世代では高橋是清の右に出る人はいないでしょう。仙台藩の出身で、11歳のとき横浜のヘボン塾（現在の明治学院大学）で英語を学び、その後、幕府の命令により14歳でアメリカに留学しました。しかし、ホームステイ先でだまされて奴隷として売り飛ばされ、さんざん苦労して翌年に帰国します。この間に習得した英語力をかわれて、現代の進学予備校のような学校で英語教師となりました。そのときの教え子に俳人正岡子規（1867～1902）や日露戦争で海軍参謀として活躍した秋山真之（1868～1918）がいます。

そ　の後、文部省（現在の文部科学省）、農商務省（現在の経済産業省および農林水産省）の官僚となり、1884（明治17）年には農商務省の外局として設置された特許局の初代局長に就任し、日本の特許制度をととのえるなど活躍しました。しかし、南米のペルーで銀山の経営話にうまくのせられて官僚を退職し、結局、事業に失敗して全財産を失って帰国します。無一文になってしまった彼の才能を惜しむ人の紹介で日本銀行に就職し、みるみるうちに頭角をあらわしました。そして、日本銀行では総裁にまでのぼりつめました。

（アフロ）

（ピクスタ）

東京の赤坂御所の向かい側、高橋是清邸宅跡にある高橋是清の銅像（左）と、東京都小金井市にある江戸たてもの園に復元された高橋是清邸（右）

日露戦争に際しては、日銀副総裁としてイギリスに渡り、戦費調達のための外国債券募集に成功しています。世界の強国ロシアを相手に日本が勝利すると予想する欧米諸国がほとんどないような状況で、日本が負ければただの紙切れになってしまう日本の国債を9億円も売りさばいたのです。その語学力と交渉力は、アメ

リカでの奴隷時代に養われたものかもしれません。もし、これに失敗していたら、いくら戦況が日本に有利であっても資金が続かず、日露戦争の勝利もなかったことでしょう。

大正時代から昭和時代初期にはしばしば大蔵大臣（現在の財務大臣）として入閣し、**財政に強い政党政治家として活躍**しました。1921（大正10）年、総理大臣であった原敬が暗殺されたことにより、第20代内閣総理大臣に任命されますが、高橋是清内閣は200日あまりと短命に終わります。しかし、その後も大蔵大臣に抜擢され、その手腕を発揮しました。高橋是清は、生涯で合計7回も大蔵大臣を務めたことになります。

　とくに、**昭和初期の金融恐慌**に際しては、裏が白いままの紙幣を500万枚も印刷して各銀行の窓口に積み上げることで、窓口に殺到した預金者を安心させて**取り付け騒ぎを鎮静化**させました（p.71）。また、デフレーションにあえぐ日本経済を政府支出の大幅な増額により、またたく間に回復させています。このような**経済危機を緊急に打開する鮮やかな手腕**は高く評価されました。しかし、経済復興後に軍事予算の削減をはかったことから軍部の恨みをかい、1936（昭和11）年の**二・二六事件で射殺**されてしまいました。

紙幣の肖像として登場したのは1951（昭和26）年の五十円券で、その風貌から「だるまさん」と呼ばれましたが、高橋是清の人生も七転び八起きでした。裏面にはかつて総裁であった日本銀行が描かれています。高橋是清にとっては、これ以外にはあり得ない組み合わせでしょう。

　50円は紙幣としてはめずらしく、このとき発行されたものが唯一の五十円券です。1955（昭和30）年には50円硬貨が発行されたため、1958（昭和33）年には支払停止となってしまいました。そのため発行期間はわずか7年間であり、流通した枚数も少ないため、この時期の紙幣としては骨董での価格は高く、数千円もします。なお、発行された1951年の郵便料金ははがきが5円、封書の最低料金が10円でした。

(Alamy)

↑**五十円券（1951〈昭和26〉年発行）**
裏面にはかつて総裁を務めた日本銀行が描かれている。50年以上前に支払停止となっているが、現在も使用できる。

🔶**正岡子規（1867〜1902）**　俳句・短歌・小説・評論・随筆など、多方面にわたり創作活動を行う。結核を患い、約7年間の闘病ののち亡くなる。

近代国家日本の基礎を築いた最大の功績者
伊藤博文 1841〜1909

山口県出身の政治家で、日本の初代総理大臣。内閣制度や憲法制定、および銀行・貨幣制度の確立にも尽力した。4度も総理大臣に就任し、近代国家日本の舵をとった。

貧しい農民の子として生まれた伊藤博文は、16歳のとき、長州藩の私塾、**松下村塾に入門**しました。塾頭である吉田松陰（1830〜1859）は伊藤について、「俊輔（博文）、周旋（政治）の才あり」と評価しています。そして、ともに学んでいた高杉晋作（1839〜1867）のもとで**尊王攘夷派の志士として活躍**し、長州藩の留学生としてイギリスに半年間だけ留学もしています。英語が堪能なこともあって、明治維新には木戸孝允に引き立てられて政府の要職を歴任し、1871（明治4）年には岩倉具視（p.98）を特命全権大使とした**欧米使節団**に、**副使として随行**しました。

↑松下村塾（山口県）
伊藤博文、久坂玄瑞、高杉晋作、山県有朋など、明治新政府で活躍した多くの人材がここで学んだ。
（写真提供：萩市）

→ 1863（文久3）年に長州藩から留学した若者
上段右端が伊藤博文、下段左がのちに新政府参与となり、伊藤内閣の外相・内相・蔵相を務めた井上馨。
（写真提供：萩博物館）

伊藤博文といえば、内閣制度や憲法制定の活躍が注目されますが、銀行・貨幣制度の確立にも、渋沢栄一（p.116）とともに活躍をしているのです。欧米使節団として視察に出る前年にアメリカへ行き、貨幣と銀行の制度を調査しています。そのころ政府内には、銀行券を発行できる中央銀行の下に多くの民間銀行があるイギリス型の銀行制度と、複数の民間銀行がそれぞれに正貨を準備して銀行券を発行するアメリカ型の銀行制度のどちらを採用すべき

か、激論がかわされていました。しかし結局、伊藤博文の建議により、**新貨条例や国立銀行条例が制定され、アメリカ型の銀行制度が採用されることになりました**（p.65）。

木 戸孝允・西郷隆盛・大久保利通ら「維新三傑」亡きあとは、大隈重信と国会開設時期をめぐって対立しました。大隈が政府から追放されたのち、将来の国会開設にそなえて**ドイツで憲法を学び、貴族院の母体となる華族制度をととのえ、太政官制にかわって内閣制度を採用し、自ら初代総理大臣となりました**（1885年）。そして、1889（明治22）年には**明治憲法発布を実現し、それによって翌年には衆議院・貴族院の2院で構成される帝国議会が開設**されました。1900（明治33）年、立憲政友会を結党し、戦前の帝国議会で日本初の**本格的政党内閣を組織**しました。これは、その後の政党政治に大きな影響を与えました。その間、初代・第5代・第7代・第10代内閣総理大臣、初代枢密院議長、初代貴族院議長、韓国の初代統監、立憲政友会初代総裁を歴任します。しかし統監となったことは、朝鮮の抗日運動の敵意のシンボルと見なされ、1909（明治42）年、ハルビン駅で朝鮮民族主義活動家である安重根に射殺されました。

紙 幣の肖像として登場したのは1963（昭和38）年11月に発行された千円券で、裏面には日本銀行が描かれています。現在ならば韓国政府から猛烈な抗議を受けそうですが、当時はほとんど問題になりませんでした。それは同年10月、日本の陸軍士官学校を優秀な成績で卒業した韓国軍人朴正煕が、軍事クーデタにより韓国大統領となっていたからでしょう。朴大統領は2年後に結ばれる日韓基本条約で莫大な資金援助を日本から引き出したくらいですから、今日ほど激しい反日感情や反日教育もありませんでした。

支払停止となったのは1986（昭和61）年で、1984（昭和59）年にはすでに夏目漱石の千円券が発行されていました。なお発行された1963年の郵便料金は、はがきが5円、封書の最低料金が10円でした。

↑**千円券（1963〈昭和38〉年発行）**
(Alamy)
支払停止となったのは1986（昭和61）年で、1984（昭和59）年にはすでに夏目漱石の千円券が発行されていた。裏面は日本銀行。現在も使用できる。

『学問のすゝめ』を著した啓蒙思想家

福沢諭吉 1835〜1901

慶応義塾を創設した教育者。西洋の文化や学問の重要性を伝えるとともに、ジャーナリストとして自由民権運動や朝鮮の近代化を支援。

九州の中津藩出身の士族で、19歳で長崎へ遊学して蘭学を学びました。その後、大坂の蘭学者である緒方洪庵（1810〜63）の適塾でオランダ語に磨きをかけ、江戸の中津藩邸で蘭学を教えます。しかし、欧米との貿易がはじまった横浜を見物に行ったところ、**オランダ語がまったく通じなかったことから英語の必要性を痛感し、独学で英語を学びはじめます**。1859（安政6）年、日米修好通商条約の批准交換のために使節団が渡米することとなり、それに随行してアメリカに渡りました。このときに見聞きしたことが、海外事情を日本に紹介する『西洋事情』という書物となりました。**彼は生涯に3回欧米に渡っています**。

↑ 大分県中津にある福沢諭吉旧宅

諭吉が1歳6か月のときに父が亡くなり、一家は大坂の藩屋敷から帰郷した。現存する家は、諭吉が16歳から19歳までをすごした家。

（写真提供：福澤旧邸保存会）

明治時代になってから、啓蒙思想家の結社である明六社に参加し、**多くの論文や著書によって、日本に西洋思想を伝えました**。彼の著書でもっともよく知られているのは、『学問のすゝめ』でしょう。一般には、人はみな生まれながらにして平等であることを説いたとされていますが、必ずしもそうではありません。実際には「天は人の上に人を造らず、人の下に人を造らずと言へり。されば…」と書いて、**本来は平等のはずであるのに差があるのは、学問の有無による**。そうであるから実際に役に立つ「実学」を学ぶべきである。そうしてはじめて「身（個人）も独立し、家も独立し、天下国家も独立」できるのだと説いています。教育者としては、**江戸最末期に慶応義塾（現在の慶応義塾大学）という英学塾を開きました**。

↑ 『学問のすすめ』第1頁

ジ　ャーナリストとしては「時事新報」という新聞を創刊し、自由民権運動や朝鮮の近代化を支援する活動を展開しています。ただし、清国や朝鮮国内の保守派に対しては近代化をはばむものとして厳しく非難し、日清戦争を「文明と野蛮の戦」として開戦を支持していたため、中国や韓国では今もなお非難されることがあります。また、経済的な分野での活躍はとくに知られていませんが、『帳合之法』という書物を訳述し、アメリカの複式簿記を導入しています。これによって個人・家庭・企業だけでなく、国家の財務状況が一目でわかるようになりました。まさに『学問のすゝめ』で述べているように、「身も独立し、家も独立し、天下国家も独立」できるようになったのです。

↑ 『西洋事情』（上）と『帳合之法』（下）
諸外国の歴史、政治・財政・軍事などを紹介した『西洋事情』（全10巻）や、洋式簿記法を翻訳した『帳合之法』などにより、日本の近代化に貢献した。
（写真提供：福澤旧邸保存会）

紙　幣の肖像として登場したのは1984（昭和59）年に発行された一万円券で、裏面には雌雄一対の雉が描かれています。2004（平成16）年に千円券と五千円券は肖像がかわったのですが、一万円券の福沢諭吉はかわりませんでした。ただし、裏面が雉から平等院の鳳凰像にかわり、最新の偽造防止技術による印刷で細かい部分は多少かわりました。聖徳太子と福沢諭吉の2人だけだった一万円券の肖像に、2024（令和6）年には渋沢栄一（p.116）が加わることになります。

　なお、最初に福沢諭吉の一万円券が発行された1984年の郵便料金は、はがきが30円、封書の最低料金が60円でした。

（Alamy）

← 一万円券（1984〈昭和59〉年発行）
「一般的にも、国際的にも、知名度が高い明治以降の文化人」という理由で肖像に採用された。

世界の平和に生涯をささげた
新渡戸稲造 1862〜1933

明治から昭和初期にかけて国際的に活躍した教育者・思想家。晩年は国際間のかけ橋として奔走、平和のために尽力した。

今でこそ国際的に活躍している日本人はたくさんいますが、新渡戸稲造はその草分け的な存在で、欧米では早くからその名が知られていました。岩手県の出身で、15歳のときに札幌農学校（現在の北海道大学）に2期生として入学しました。初代教頭だった、「少年よ、大志をいだけ」という言葉で有名なクラーク博士はすでにアメリカに帰国していましたが、その影響力は大きく、1期生をつうじて2期生にもおよび、新渡戸もキリスト教に入信します。その後、アメリカやドイツの大学に留学し、農業経済学を学びました。

新渡戸が国際的に知られるきっかけとなったのは、英語で書いた『BUSHIDO -The soul of Japan-』という書物でした。「学校で宗教教育を受けていないにもかかわらず日本人の倫理道徳がすぐれているのは、武士道によるところが大きい」と考え、武士道が日本人の精神的骨格となっていることを論証しています。これがまたたく間に世界各国で翻訳され、ベストセラーになったのです。日露戦争の講和を実現させたアメリカ大統領のセオドア＝ローズベルトや、日本でもよく知られているジョン＝F＝ケネディ大統領も愛読者でした。日本では『武士道』という書名で、日本語に翻訳出版されています。また、台湾の製糖業の発展に貢献し、現在、高雄市にある台湾糖業博物館には「台湾砂糖之父」と説明書きのされた胸像が置かれています。さらに女性教育の重要性を主張して、東京女子大学の初代学長に就任するなど、立ち遅れていた日本の女子教育にも熱心に取り組みました。

↑ 『BUSHIDO -The soul of Japan-』
1900年にアメリカで出版され、その後、イタリアやドイツ、ポーランド、ノルウェーなど、多くの国の言語で翻訳された。
（写真提供：新渡戸記念館）

第一次世界大戦後に国際連盟が創設されると、事務局次長としてジュネーブに滞在し、国際間のかけ橋となりました。彼は国際連盟のなかに「国際知的協力委員会」という組織

を立ち上げます。そのメンバーにはドイツのアインシュタイン、フランスのキュリー夫人、インドの詩人タゴールなど、超一流の人材がいました。これがのちに国際連合の国際連合教育科学文化機関、つまりユネスコに発展します。ユネスコ憲章前文の最初の部分には「戦争は人の心の中で生まれるものであるから、人の心の中に平和のとりでを築かなければならない」と記されていますが、これこそまさに国際人、新渡戸稲造の理想だったのです。

↑ 新渡戸と妻のメアリー＝エルキントン（日本名は万里）
妻も熱心なキリスト教徒。国際結婚は、当時はとてもめずらしかった。（写真提供：新渡戸記念館）

　またスウェーデンとフィンランドに挟まれた**オーランド諸島領有権問題**を、「**新渡戸裁定**」**により平和的に解決した**ことは、彼の大きな功績です。晩年には、国際連盟から脱退を表明した日本の進路を憂えつつ国際会議に出席しましたが、そのままカナダで体調が急変して亡くなりました。

　紙幣の肖像として登場したのは 1984（昭和 59）年の五千円券です。額面の下には太平洋を模した地図が描かれていますが、それは若いときに「太平洋のかけ橋になりたい」と決意してアメリカに私費留学したり、第二次世界大戦前に日米関係改善に尽力したことによるもので、彼の国際的活躍をあらわしています。裏面には富士五湖の一つである本栖湖の湖面に映る逆さ富士が描かれています。

　支払停止となったのは 2007（平成 19）年で、2004（平成 16）年にはすでに樋口一葉の五千円券が発行されていました。なお、発行された 1984 年の郵便料金は、はがきが 30 円、封書の最低料金が 60 円でした。

(Alamy)

← 五千円券（1984〈昭和 59〉年発行）
55 歳のときの養女琴子の結婚式写真をもとに版が彫られた。

だれもが知る、明治を代表する文豪
夏目漱石 1867～1916

大学卒業後、中学・高校の英語教師に。その後、英語教育法研究のためイギリスへ留学。明治時代後期から大正時代初期までは小説家として活躍した。

夏目漱石の作品は国語の教科書にも採用されることがあり、当時の小説家のなかでも「文豪」と呼ばれるにふさわしい存在です。そのため紙幣の肖像となったのでしょう。

漱石は江戸幕府が倒れる年に、8人兄弟の末子として現在の新宿で生まれました。母親が高齢出産だったため、生まれて間もなく里子に出され、そこからさらに別の家に養子に出され、8歳のときにもとの夏目家に戻されるという寂しい幼年時代を過ごしました。

↑夏目坂
漱石の父が自分の姓を名づけて呼んでいたものが人々に広まり、やがて地図にものるようになった。

学業成績はとても優秀で、東京大学予備門（現在の東京大学教養学部にあたる）に入学すると、そこで**生涯の親友となる正岡子規と出会**います。そして、東京帝国大学（現在の東京大学）の英文科に入学し、3年後に首席で卒業しています。その後、**東京湯島の高等師範学校、正岡子規の故郷である愛媛県の松山中学校、熊本の第五高等学校で英語の教師**となります。この松山での経験が、のちに小説『**坊っちゃん**』に生かされることになります。

33歳のときに文部省（現在の文部科学省）から英語教育法研究のための留学を命じられ、**2年間、イギリスに滞在**したこともありました。最初は勤勉に励んでいましたが、やがて英文学研究への違和感を覚え、神経衰弱に陥り、下宿先を何度もかえたりしています。イギリス留学は快適なものではありませんでしたが、漱石の風貌にはどこか英国紳士の印象があります。帰国後は第一高等学校や東京帝国大学で英語や英文学の指導をしています。東京帝大ではラフカディオ＝ハーン（小泉八雲）の後任であったため、そのことが相当の重荷だったようです。ハーンの離任に際しては反対運動がおきるほど、学生のハーンに対する信頼が厚く、後任の漱石に対して厳しい評価をする者も少なくありませんでした。漱石の真面目で誠実な人柄によるものなのか、いい加減な発音は遠慮なしに訂正され、和訳は正確無比であり、教材は難解なものでした。そういうわけで、意欲のない学生にとって漱石は、魅力のない教師に見えた

ことでしょう。しかし意欲のある学生にとっては、じつに理想的な英語教師であり、シェークスピアの授業などは他の学科の学生が聴講にくるほど人気がありました。

小説家として世に出たのは、じつに 38 歳のときです。イギリスからの帰国後、神経衰弱でふさぎ込んでいたのを見かねた高浜虚子が小説を書くことをすすめます。そこで、そのころ**夏目家にくるようになっていた猫を主人公にして『猫伝』という小説を書き**、『ホトトギス』という俳句雑誌に発表したところ、これが好評となり連載がはじまりました。これがのちに『**吾輩は猫である**』とあらためられ、漱石の最初の小説となります。

↑漱石の書斎（漱石山房記念館）
書斎内の家具・調度品・文具は、資料を所蔵する県立神奈川近代文学館の協力により再現。書棚の洋書は東北大学付属図書館の協力により、同館が所蔵する「漱石文庫」の蔵書の背表紙を撮影し、製作された。（写真提供：漱石山房記念館）

　その後、『坊っちゃん』『三四郎』『こころ』『明暗』など多くの小説を書きましたが、胃潰瘍のため49 歳で亡くなっていますから、小説家として活躍していたのは、わずか 10 年間にすぎません。
　ですから漱石の人生の大半は、英語や英文学の研究とその指導にあてられていました。そのような漱石が英語に堪能であったことは当然のことですが、小説家としての印象のほうが勝っています。

漱石の肖像の千円券が発行されたのは 1984（昭和 59）年のことで、45 歳のときに明治天皇崩御の喪に服すため、黒いネクタイ姿で撮られた写真をもとに彫られています。

　支払停止となったのは 2007（平成 19）年で、2004（平成 16）年にはすでに野口英世の千円券が発行されていました。なお、漱石の千円券が発行された 1984 年の郵便料金は、はがきが 30 円、封書の最低料金が 60 円でした。

(Alamy)

↑千円券（1984〈昭和 59〉年発行）
写真ではやつれた印象があるが、技官の腕の見せどころで、そのような印象を与えないように修正しているそうである。

✿ラフカディオ＝ハーン（1850 ～ 1904）　ギリシャで生まれる。1890 年に来日して英語教師になり、日本人女性との結婚により帰化。翻訳・紀行文・再話文学のジャンルを中心に約 30 の著作を残した。
✿高浜虚子（1874 ～ 1969）　正岡子規に師事し、俳誌「ホトトギス」を継承し主宰。多くのすぐれた俳人を育成した。

明治時代から昭和時代初期にかけて活躍した病理学者

野口英世 1876～1928

苦学のすえに世界的な細菌学者となり、伝染病の研究に生涯をささげた。一生のうちに3回もノーベル生理学・医学賞の候補に。

現在の福島県猪苗代町で、農家の長男として生まれた野口英世は、1歳半のときに囲炉裏に落ちて大火傷を負い、左手がまるで握り拳そのままに癒着してしまいました。そのため、少年時代には「手ん棒」と呼ばれ、からかわれています。しかし16歳のときに外科手術を受け、ものをつかめるまでになりました。そしてそのことがきっかけで、19歳のとき、医師になろうと上京を決意します。そのとき、**生家の柱に「志 を得ざれば再び此地を踏まず」という決意を刻みこみました。**その柱は、現在もなお生家に保存されています。

1823（文政6）年に建てられた野口英世の生家（福島県猪苗代町）
下の写真は、1歳半のときに落ちて、大火傷を負った囲炉裏。（写真提供：野口英世記念会）

　その志は、たんに医師になることであったとは思えません。なぜなら、医師の資格を取得できたのは21歳のときですから、2～3年で実現できる程度の志なら、そこまでの決意をするでしょうか。また、左手を手術してくれた渡部鼎という医師は、アメリカのカリフォルニア大学に留学し、アメリカで開業していましたから、おそらく国際的な活躍をする医師になろうと決意したのでしょう。

22歳となった1899（明治32）年、北里柴三郎の伝染病研究所の研究助手だった野口英世は、その推薦により横浜海港検疫所の医官補として勤務をはじめました。そして、横浜港に入港しようとしていた船の乗員から、検疫所ではじめて、ペスト患者2人を発見して隔

離するという成果をあげました。ちなみにペスト菌を発見したのは師匠の北里柴三郎です。最近は、感染症のウイルスの国内侵入を水際で阻止することの重要性が共通理解されていますから、これがどれほど重大なことか理解できることでしょう。

その２年後、彼は渡米し、大学で蛇の毒を研究したり、新設されたロックフェラー医学研究所で梅毒などの研究に専念したりしました。とくに**梅毒の病原体であるスピロヘータを患者の脳や脊髄から発見したこと**は、現在でも大きく評価されています。当時は功績を評価されてものちに否定されることが多いのですが、それは科学の研究には避けられないことであって、彼の努力が無意味であったことにはなりません。

↑ **あだ名は「ヒューマンダイナモ」**
彼の研究に注ぐエネルギーに驚き、外国人の同僚は「ヒューマンダイナモ（人間発電機）」と呼んだ。（写真提供：野口英世記念会）

　40 代からは黄熱病の研究のため、中南米やアフリカに赴くようになりました。治療法の見つかっていない病気が流行している渦中で、その治療法を研究するということは命がけのことです。そして、彼はそれを承知でその「戦場」に飛びこんでいったのです。**1928（昭和３）年、ガーナで黄熱病に感染し、51 歳で亡くなりました。**

　また、人間野口英世については、酒好き・遊び好きで金遣いが荒く、莫大な借金をしても返済をせず、良くも悪くも世渡り上手な一面もあったことは事実ですが、医学的功績はそれをはるかにこえています。

彼が紙幣の肖像となったのは、2004（平成 16）年に発行された千円券で、裏面には、新渡戸稲造の五千円券と同様、本栖湖に映る逆さ富士山と桜が描かれていますが、どちらも日本を象徴する美しいもので

(Alamy)

す。なお、発行された 2004 年の郵便料金は、はがきが 50 円、封書の最低料金が 80 円でした。

→ **千円券（2004〈平成 16〉年発行）**
肖像は、42 歳のときに黄熱病研究のためエクアドルに赴いたときの写真がもとになっている。

日本ではじめて紙幣の肖像となった女性
樋口一葉 1872～1896

たった24年の短い人生の大半が、経済的困窮のなかにあったが、下層社会で必死に生きる女性の姿を小説としてリアルに描き出した。

今でこそ女性の文芸作家はたくさんいますが、樋口一葉が小説を書いていたころはほとんどいませんでした。そのような時代に小説家を志した一葉の人生は、決して恵まれたものではありませんでした。

一葉は1872（明治5）年、東京で生まれました。戸籍上の名前は「奈津」ですが、「夏子」と称していました。小学生のころから学業成績はとびきり優秀でした。しかし、当時はまだ義務教育の制度はありませんでしたから、母親の「女に学問はいらない」という考えから、11歳で退学させられてしまいます。このことは勉強が好きな一葉にとって、とても悲しいことでした。日記には、「死ぬ計悲しかりしかど、学校は止めになりにけり」と書かれています。

↑萩の舎の跡に立つ案内版（東京都文京区）

しかし、彼女を不憫に思った父親が、14歳のときに**「萩の舎」という和歌の塾に入門**させてくれました。萩の舎は中島歌子という歌人が主宰する上流階級の子女に和歌や国文学、書道を教える私塾で、当時は1,000人もの塾生がいたそうです。

しかし、一葉が16歳のときに長兄が結核で死に、17歳のときには父親が事業に失敗し、借金を残して死んでしまいました。**一葉は収入のないまま、一葉と母と妹の3人家族の戸主となってしまった**のです。しかも、このころ一葉には婚約者がいたのですが、経済的困窮を理由に婚約を破棄されてしまいます。

『たけくらべ』未定稿
（写真提供：一葉記念館）

19歳になった一葉は母と妹をすでに独立していた次兄に預け、自活の道を探すため、萩の舎の内弟子として中島家に住み込みます。家事をしながら指導の助手まで務めていたということですから、文学的才能を認められていたのでしょう。しかし、家事に追われ、なかな

か稽古に時間をとれないことから、半年後に母と妹とともに本郷の菊坂（東京都文京区）に移り、3人で針仕事や洗い張りなどの内職をします。しかしそれだけではたりず、いろいろなところから借金を繰り返す苦しい生活を強いられます。

　20歳のころには原稿料をもらうこともありましたが、日記には400字詰め原稿用紙1枚の原稿料が20〜40銭にしかならないと書かれています。家族3人の1カ月の生活費が約8円という記録もあります。1897（明治30）年に発行された10円金貨には、金が約7.5g含まれていますので、あくまで目安にすぎませんが、当時の10円は現在の約4万5,000円にしかなりません。一葉の困窮ぶりは、現代人の想像をこえるものだったでしょう。

数は少なくとも**珠玉の文学作品は、そのような困窮と絶望の生活のなかから生み出されました。**森鷗外は『**たけくらべ**』『**にごりえ**』『**十三夜**』などの小説を絶賛しています。**これらの作品が執筆されたのは、1896（明治29）年に24歳6カ月で肺結核により死去する前のわずか14カ月間のこと**でした。

　一葉というペンネームには詩的な印象があります。しかし、じつは困窮した生活を自虐的に風刺したものでした。達磨大師が一葉（枚）の葦の葉の小舟に乗って長江をのぼって行った「芦葉達磨」の故事にちなみ、「達磨さんも私もおあし（足、銭）がない」と冗談めかして話したことによっています。またそれだけではなく、一葉は短い生涯で十数回も転居をするのですが、貧困のなかで行方の定まらない身の上を、あてどもなく流される小舟に見立てていたのでしょう。

肖像が紙幣に採用されたのは2004（平成16）年に発行された五千円券で、日本銀行券に女性の肖像が描かれたのははじめてのことでした。偽造防止の技術が進化して、ひげの有無など問題にならなくなったこと、それに加えて積極的に女性の活躍を支援しようという世相の影響もあるでしょう。経済的に困窮していた一葉は、自分が紙幣の肖像に採用されたことに、あの世で驚いていることでしょう。なお発行された2004年の郵便料金は、はがきが50円、封書の最低料金が80円でした。

(Alamy)

↑ **五千円券（2004〈平成16〉年発行）**
裏面の絵柄は、江戸時代の中期を代表する画家、尾形光琳の描いた「燕子花図屏風」から採用されている。

第2部　樋口一葉

115

日本近代資本主義の父
渋沢栄一 1840〜1931

設立にかかわった企業数は 500 以上、たずさわった社会福祉公共事業は 600 以上におよぶ。金融制度の近代化に尽力し、実業界の指導的存在だった。

一 万円券の肖像が、長く親しまれてきた福沢諭吉（p.106）から、渋沢栄一にかわります。政治家ではないので、くわしく知らない人も多いでしょう。しかし、**もし彼がいなかったら、近代日本の経済的発達は成しとげられなかったといえるほど巨大な存在**でした。

　渋沢は現在の埼玉県深谷市で生まれました。幼いころから家業である藍玉の製造・販売・養蚕を手伝い、父から学問の手ほどきを受け、7歳になると『論語』をはじめとする学問を習いはじめました。身分上は一応農民でしたが、幕末に身分制が厳密なものでなくなると、尊王攘夷派の志士として活動した時期もありました。そのころ、一橋慶喜の家臣となっていたのですが、主君の慶喜が将軍となったため、1867（慶応3）年に慶喜の弟が将軍のかわりとしてパリ万博へ派遣される際に、会計係として随行しました。このことが日本の近代化にとっては、じつに幸運なことだったのです。なぜなら、彼が日本にいない間に大政奉還が実現して江戸幕府が倒れ、明治政府ができると、新政府に不満を持つ幕臣たちにより彰義隊が結成されました。その幹部に渋沢の親族が名を連ねていたのです。熱血漢の渋沢のことですから、もし日本にいたら、討ち死にしていた可能性が大きいでしょう。事実、渋沢栄一の従弟で養子となった渋沢平九郎はこのとき自刃しています。

↑ 常盤橋公園の渋沢栄一像（東京都千代田区）
(photoAC)

帰 国後、渋沢は**大隈重信**（p.62）に説得されて大蔵省に入り、日本の金融制度の近代化のために大活躍をします。新貨条例・国立銀行条例をはじめとして、渋沢がかかわらなかった明治初期の経済政策はなに一つありません。大蔵省を辞めてからは、一民間経済人として、第一国立銀行（p.67）をはじめとする多くの企業の設立や育成にかかわり、その数は 500 以上におよんでいます。

　企業の経済活動は営利を目的とするものではありますが、

道徳経済合一説🔼を唱え、道徳に裏づけられた経済活動の重要性を説いています。彼はそのような経済思想を『論語と算盤』という書物に著していますが、これは現在もなお多くのビジネスマンに愛読されています。

　また、渋沢は経済的活動だけでなく、福祉・女性教育・商業教育・災害復旧など、社会活動や民間外交にも熱心に取り組みました。彼がかかわった社会福祉公共事業は600以上におよんでいます。渋沢は利益を自分のためではなく、公益のために活用することを徹底したのです。

19 31（昭和6）年に92歳で亡くなりますが、葬儀が行われた青山斎場から埋葬された谷中の寛永寺までの沿道には、4万をこす人々が参列してその死を悼みました。その当時は社会主義運動や労働運動が弾圧されていたため、隠れて資本主義に対して反発する人が少なくなかったのですが、短歌雑誌『アララギ』には、渋沢の死を悼んだ「資本主義を　罪悪視する　我なれど　君が一代は　尊く思ほゆ」という歌が載せられていました。

よ うやく2024（令和6）年に渋沢栄一が一万円券の肖像となりますが、彼の功績を考えれば、もっと早い時期に紙幣の肖像となってもよいはずでした。じつはかつて、千円券の候補となったことがあり、最終的に伊藤博文（p.104）と渋沢栄一の2人に絞られたのですが、渋沢栄一にはひげがなかったため、偽造されやすいとして伊藤博文が選ばれたのです。

　裏面には煉瓦造りの東京駅舎が描かれています。渋沢栄一の出身地である深谷はかつて煉瓦の生産地で、東京駅舎で使用された煉瓦の大半が深谷で生産されています。裏面に東京駅舎が選ばれているのは、渋沢栄一との縁があるからでしょう。ちなみにJR深谷駅舎は、1996（平成8）年に規模は小さいものの東京駅そっくりに改築されました。

（朝日新聞社提供）

🔼道徳と経済は一見両立しないように思えるが、利潤追求をする経済のなかに道徳は必要であり、経済活動は国家や公共の利益につながるという主張。

女性の地位向上のために尽くした教育者
津田梅子 1864～1929

幼いころのアメリカ留学の経験を生かし、日本の女性教育の必要性を訴え、強い意志をもって実践した女性。

新 五千円券の肖像は、女性文芸作家の樋口一葉（p.114）から、同じく女性の津田梅子にかわります。梅子は**幼くしてアメリカに留学し、帰国後に女子英学塾（現在の津田塾大学）を設立し、女性の地位向上のために尽くした**女性教育の先駆者です。

　梅子の父津田仙は、幕府の外国奉行の通訳として幕末にアメリカへ派遣された経験がありました。幕府崩壊後、西洋野菜の栽培に取り組んでいた経験がかわれ、1871（明治4）年には北海道を開拓するための開拓使にやとわれ、東京麻布にある農園で働いていました。そのとき、開拓使次官であった黒田清隆から岩倉使節団（p.98）に女子留学生を随行させる企画を聞き、すぐに応募したのでした。

　アメリカに到着したときには満7歳になっていたとはいえ、出発したときは満6歳、小学1年生です。送り出す決心をさせたのは、「アメリカ」という国を体験していた父の熱い思いのゆえでしょう。

　アメリカではホストファミリーの家に預けられ、まるでじつの娘のように可愛がられています。初等・中等学校で英語・フランス語・心理学から自然科学まで幅広く学び、キリスト教に入信しています。そして、1882（明治15）年11月に帰国します。梅子のアメリカでの11年間は、日本では小学1年から高校2年までにあたりますから、日本語もほとんど話せなくなっていました。

↑渡米直後の梅子（1871年、ワシントン）
（写真提供：津田塾大学津田梅子資料室）

帰 国後は伊藤博文（p.104）の要請により華族女学校で英語を教えていました。しかし、女性の社会的地位の低さに反発して1889（明治22）年にふたたび渡米し、高度な生物学とともに「教授法」も学びました。そして、1892（明治25）年に帰国し、1900（明治33）年、とうとう**自身の夢であった女性のための教育機関「女子英学塾」を東京に設立しま**

した。学塾の設立と運営においては、ともにアメリカに留学した永井繁子や山川捨松、捨松のホストファミリーの娘であるアリス゠ベーコンから物心両面で惜しみない支援を受けています。

女子英学塾の教育方針は梅子がそうであったように、「人間として女性として all-round であること（あらゆることにすぐれていること）」、また「男性と協同して対等に力を発揮できる女性の育成」をめざすもので、時代を 100 年も先取りするものでした。梅子自身は 1929（昭和 4）年に脳出血のため 64 歳で亡くなりますが、学塾は 1948（昭和 23）年に「津田塾大学」となり、建学の精神は今も受け継がれています。

梅子の肖像については、津田塾大学が提供した写真と顔が逆向きになっているとの指摘がありました。しかし、紙幣の肖像はあくまでも写真をもとにして国立印刷局の技官が精密に描いたものが原版となるのであって、写真から直接製版するものではありません。写真を反転させると着物の重ね方が左右逆になるはずですが、左側が上になっているのは描き直しているからなのです。また、これまでの紙幣の肖像はすべて左耳が見える角度で描かれているので、デザインの統一性から一人だけ反対というわけにもいきません。古い紙幣でも、岩倉具視（p.98）の肖像は、写真をもとにして反転させて描かれています。五千円券は樋口一葉以来 紫色を基調としていますから、裏面に描かれている藤の花が似合っています。

　岩倉具視、伊藤博文がすでに紙幣の肖像に採用されていますから、津田梅子は岩倉使節団で 3 人目の紙幣の肖像になった人物ということになります。

（朝日新聞社提供）

破傷風の研究者として名声を博した
北里柴三郎 1853〜1931

「医者の使命は病気の予防にある」との信念から、研究に生涯をささげた。多くの優秀な研究者を育成した日本近代医学の先駆者。

千 円券の肖像は、国際的に活躍した病理学者の野口英世（p.112）から、同じく病理学者・細菌学者の北里柴三郎にかわります。彼はペスト菌の発見、また破傷風の治療法の開発などの功績を讃えられ、「日本の細菌学の父」と呼ばれています。

↑破傷風の血清療法の確立を記念して撮られた写真
（写真提供：学校法人北里研究所）

　北里柴三郎が生まれたのは、ペリーの黒船が来航した1853（嘉永6）年のことです。熊本医学校（現在の熊本大学医学部）・東京医学校（現在の東京大学医学部）を経てドイツに留学し、細菌学の権威であるローベルト＝コッホに師事しました。そして、破傷風菌の純粋培養に成功するだけでなく、さらに血清療法を確立しました。

ド イツから帰国後の1892（明治25）年、福沢諭吉（p.106）が私財を提供して、私立伝染病研究所が設立され、そこで北里柴三郎は伝染病予防と細菌学の研究に取り組みました。そして、1894（明治27）年には、ペストの原因調査のため香港に赴き、ペスト菌を発見しています。

　その後、伝染病研究所は国に寄付されて国立となったのですが、北里の意志に反して東京大学の管轄下におかれることになったため、それに反発して、私費を投じて設立したのが私立の北里研究所です。それは福沢諭吉の説く「独立自尊」「独立不羈 ⬆」の精神を貫こうとすれば、学問の独立を曲げてまでも研究所にとどまることはできないと考えたからでした。そして、所長の北里が辞職すると、研究所の職員もみな彼に従いました。

⬆他からなんの束縛や制約を受けることなく、自分の考えにしたがってことを行うこと。

　のちに北里は福沢諭吉の恩義に報いるため、諭吉の没後に慶応義塾大学に医学部を設立し、無給のまま初代学部長を務めました。北里柴三郎自身と、彼を経済的に支援した福沢諭吉、そして伝染病研究所で柴三郎に学んだ野口英世（p.112）の３人が、あいついで近年の紙幣の肖像に選ばれたのは偶然のことでしょうが、深いところでつながっているのです。

　日本医師会を創設して初代会長も務めているように、北里は医療の分野でも活躍していますが、彼がめざしていたのは予防医学の研究でした。北里は、**病気の予防こそ医師のより根源的な使命であるとの信念を持ち、研究者の養成にも尽力**しました。ハブ毒の血清療法を研究した北島多一、赤痢菌を発見した志賀潔、マラリア病を研究した宮島幹之助、梅毒の特効薬サルバルサンを創製した秦佐八郎、黄熱病や梅毒の研究で知られている野口英世などは、みな彼の指導を受けています。

　ところで、「北里」の読み方は「キタザト」と「キタサト」、どちらが正しいのでしょうか。戸籍上は「キタザト」となっているのですが、ドイツでは Kitazato ではなく Kitasato と署名していました。それは、ドイツ語の za は「ツァ」と発音し、sa は「ザ」と発音するため、日本語の発音に近くなるようにしていたためです。しかし彼の名前が世界に知られるようになると、英語での発音の sa ＝「サ」が一般に広まり、日本でも「北里」を「キタサト」と読むことが多くなりました。

　新千円券の裏面には、葛飾北斎の「冨嶽三十六景」のなかの１枚である「神奈川沖浪裏」が描かれています。これは葛飾北斎の作品のなかでも、もっとも世界的に有名なものの一つですから、これを見る外国人は、国名を確認しなくても日本の紙幣であるとわかることでしょう。「神奈川」とは現在の横浜の本牧あたりのことです。

（朝日新聞社提供）

かの有名な『源氏物語』の作者

紫式部 生没年不詳

平安時代中期の作家・歌人。一条天皇の中宮彰子（藤原道長の娘）に仕えた。時代をこえて読み継がれる、世界最古の長編恋愛小説『源氏物語』を著す。

二千円券（平成12〈2000〉年発行）
裏面の絵柄は、『源氏物語』が日本が世界に誇るべき文学作品であることから採用された。

(Alamy)

二千円券は、2000（平成12）年に開催した九州・沖縄サミットを記念し、またその年がミレニアム（千年紀）にもあたることを記念して発行されました。表には沖縄の首里城の守礼門、裏には平安時代末期に描かれた国宝『源氏物語絵巻』「鈴虫」の巻の絵図と詞書（説明）、また右下には『源氏物語』の作者である紫式部が描かれています。

『源氏物語』の作者の本名は、じつはわかっていません。当時の女性たちにとって本名を知られることは、たえがたいほどにはずかしいことでした。貴族官僚の女性家族には、父や夫の役職にもとづく「女房名」という通称があり、「紫式部」はそのような女房名なのです。宮仕えをはじめたころは「藤式部」とも呼ばれていました。「式部」は父為時の官職が式部省の官僚である式部大丞だったこと、「紫」は『源氏物語』で光源氏の正妻となる「紫の上」に由来するとされています。

紫式部の著した『源氏物語』は400字詰めの原稿用紙にして約2,400枚、登場人物は約500人、描かれている期間が約70年間、収録されている和歌が約800首という、長編の宮廷歌物語です。これだけの話がドラマティックな構成と巧みな心理描写で、矛盾なく叙述されている文学作品は、歴史上でも類を見ません。室町時代に『源氏物語』の注釈書である『花鳥余情』を著した一条兼良は、その序文で「わが国の至宝」と高く評価しています。

幼いころから、才女といわれていたよ。

122

資料編

世界の通貨

資料編は国名の 50 音順の資料となっています。この国名は、日本での「通称」とされる表記を中心に、日常で比較的よく使用される読み方で作成しました。正式な国名としては、別の表記がありますことをここに注記いたします。

(なお資料編の掲載写真はすべて Alamy 提供)

きっといろんなお金があるんじゃろうな。気になるのう!

世界の国の人たちはどんなお金を使ってんだろうな?

国名	通貨単位	1単位	流通している貨幣について
	単位記号	あたり(円)	
ア **アイスランド**	アイスランド クローナ kr	0.86 円	硬貨にはカニやイルカなどの海洋生物がデザインされていて、紙幣の肖像は政治家のシギュルドソン、スヴェンソン司祭、裁縫師のヨンスドールなど。
アイルランド	ユーロ €	121.70 円	ユーロ硬貨の片面は額面ごとに共通したデザインだが、もう片面は国ごとに異なる。アイルランドはアイリッシュ・ハープ（竪琴）。
アゼルバイジャン	マナト ₼ および man. または ман.	64.01 円	1マナト紙幣には、アゼルバイジャンの伝統楽器（写真）が、それ以外には首都バクーのシンボルともいえるメイデンタワーが描かれている。
アフガニスタン	アフガニー ؋	1.34 円	紙幣には「ブルーモスク」と呼ばれるハズラト・アリー廟、バラヒリールの要塞、パグマンのビクトリーアーチなどが描かれている。
アメリカ合衆国	米ドル $	108.52 円	硬貨は6種類発行されている。紙幣にはジョージ＝ワシントン、ユリシーズ＝グラント（写真）など、著名な政治家が描かれている。
アラブ首長国連邦	ディルハム د.إ	29.55 円	5ディルハム紙幣には、「Blue Souk」と呼ばれるシャルジャの中央市場が描かれている。
アルジェリア	アルジェリアン・ディナール د.ج	0.91 円	紙幣は、イスラーム伝来時の神学校や、タッシリ・ナジェールの洞窟壁画など、アルジェリアの歴史をモチーフとした図柄になっている。
アルゼンチン	ペソ $	2.61 円	硬貨には、インカ帝国の太陽神インティを象徴する「五月の太陽」が刻まれている。
アルバニア	レク L	0.99 円	紙幣の肖像はアルバニアの詩人ナイム＝フラシャリ、中世アルベニアの君主スカンデルベグ王、独立運動を主導したイスマイル＝ケマリ首相など。
アルメニア	ドラム ֏	0.23 円	紙幣の肖像は世界的に有名なアルメニアの音楽家ハチャトゥリヤン、アルメニアの文人イェギシェ＝チャレンツ（写真）など。

国名	通貨単位	1単位	流通している貨幣について
	単位記号	あたり(円)	
アンゴラ	クワンザ Kz	0.31 円	紙幣はすべて、初代大統領アントニオ＝アゴスティニョ＝ネトと第2代大統領ジョゼ＝エドゥアルド＝ドス＝サントスの肖像が並べられたデザイン。
アンティグア・バーブーダ	東カリブ・ドル $	40.30 円	東カリブ・ドルは、カリブ海の8つの国家と地域で使用されている。硬貨・紙幣とも、エリザベス2世の肖像があしらわれている。
アンドラ	ユーロ €	121.70 円	EU 加盟国ではないが、法定通貨としてユーロを使用。2016 年より、他の国と同様にアンドラ独自のデザインを用いた硬貨を鋳造している。
イエメン	イエメン・リアル	0.43 円	紙幣にはアッサーレハ・モスクやセイユーン宮殿、煉瓦を積み上げてつくられた高層住宅ダール・アル・ハジャル（岩の宮殿）などが描かれている。
イギリス	スターリング・ポンド £	135.90 円	紙幣の肖像はすべて現イギリス元首エリザベス2世。偽造防止のため、帯状のホログラムが用いられている。
イスラエル	新シェケル ₪	30.37 円	紙幣の肖像はイスラエルの詩人シャウエル＝チェルニホフスキー（写真）、ジャーナリストのナタン＝アルテルマンなど。
イタリア	ユーロ €	121.70 円	イタリアのユーロ硬貨は8種類とも異なるデザインを採用している。2ユーロ硬貨はダンテの肖像。
イラク	イラク・ディナール	0.09 円	2002 年までの紙幣にはすべてサッダーム＝フセインの肖像が描かれていたが、現在は世界遺産のマルウィヤ・ミナレットやウカイディール宮殿などに変更されている。
イラン	リアル	0.003 円	紙幣の表面はすべてイラン革命の指導者ホメイニ師の肖像、裏面はイスラームの聖地である岩のドームやカーバ神殿など。
インド	ルピー ₹	1.58 円	紙幣の表面はすべてインド独立の父マハトマ＝ガンディの肖像、裏面にはサーンチーの仏教建築物群などが描かれている。

国名	通貨単位	1単位	流通している貨幣について
	単位記号	あたり(円)	
インドネシア	ルピア	0.01 円	紙幣の肖像は民族運動家のモハマッド＝フスニ＝タムリン(写真)、インドネシア最後の首相ジュアンダ＝カルタウィジョヨなど。
	Rp		
ウ ウガンダ	ウガンダ・シリング	0.03 円	紙幣には、ウガンダの都市ジンジャにあるナイル川源流、ウガンダ初の世界遺産となったブウィンディ原生国立公園の風景などが描かれている。
	Ush		
ウクライナ	フリヴニャ	4.20 円	紙幣の肖像は政治・軍事ともに大きな成果をおさめたウラジミール1世(写真)、キエフ・ルーシの大公ヤロスラフ1世など。
	₴		
ウズベキスタン	スム	0.01 円	紙幣のモチーフには、国章となっているフモという伝説上の鳥が多用されている。
	Us および сўм		
ウルグアイ	ペソ	3.07 円	紙幣の肖像は詩人のサン＝マルティン、ホセ＝ペドロ＝ヴァレーラ元大統領、音楽家のエドアルド＝ファビーニなど。
	$		
エ エクアドル	米ドル	108.52 円	紙幣の肖像は、初代アメリカ大統領ジョージ＝ワシントンなど。硬貨のみエクアドル独自のものが発行されている。
	$		
エジプト	エジプト・ポンド	6.54 円	すべての紙幣の表にはモスクが描かれている。1ポンド紙幣の裏面の図柄はアブ・シンベル神殿。
	£ および ﺞﻨﻴﻪ		
エストニア	ユーロ	121.70 円	すべての硬貨に自国全土の地図と、エストニア語でエストニアを意味する「EESTI」の文字があしらわれている。
	€		
エスワティニ	リランゲーニ	7.67 円	アフリカ南部に位置する絶対君主制国家。紙幣の肖像は、すべて国王ムスワティ3世。
	L		
エチオピア	ブル	3.73 円	紙幣には、コーヒー豆の栽培をする人や牛とともに畑を耕す人の様子、オオヤマネコやティシサットの滝などの自然が描かれている。
	Br		

126

国名	通貨単位		1単位あたり(円)	流通している貨幣について
	単位記号			
エリトリア	ナクファ	Nfk	7.25 円	すべての紙幣にエリトリア人を構成する9民族から3人ずつ、肖像が描かれている。
エルサルバドル	米ドル	$	108.52 円	硬貨は6種類発行されている。紙幣にはジョージ＝ワシントン、ユリシーズ＝グラント（写真）など、著名な政治家が描かれている。
オ オーストラリア	オーストラリア・ドル	$	75.86 円	硬貨の表面はすべてエリザベス2世の肖像。1ドル硬貨の裏面にはカンガルーがデザインされている（写真）。
オーストリア	ユーロ	€	121.70 円	硬貨は8種類ともデザインが異なり、2ユーロ硬貨のモチーフはノーベル平和賞受賞者のベルタ＝フォン＝ズットナー。
オマーン	オマーン・リアル	ﺭ.ﻉ.	282.23 円	中東・西アジアに位置する絶対君主制国家。紙幣の肖像はすべて、カーブース＝ビン＝サイード国王。
オランダ	ユーロ	€	121.70 円	2014年からはすべての硬貨に共通して、アレクサンダー王の横顔があしらわれている。
カ ガーナ	ガーナセディ	¢	20.03 円	紙幣の肖像は、エンクルマをはじめとするガーナ独立の立役者6人。エンクルマの肖像は1965年に採用されたが、2年後の失脚にともない消滅し、1998年に復活した。
カーボベルデ	カーボベルデ・エスクード	Esc	1.11 円	1999年以降、紙幣が新しくなるたび、縦型のデザインに切りかえられている。
ガイアナ	ガイアナ・ドル	$	0.51 円	紙幣の表面にはすべてガイアナの地図がデザインされていて、裏面には国会議事堂などの建造物が描かれている。
カザフスタン	テンゲ	₸	0.28 円	2006年に紙幣が刷新され、表面が縦型、裏面が横型というめずらしいデザインになった。

資料編　世界の通貨

国名	通貨単位 単位記号	1単位 あたり(円)	流通している貨幣について
カタール	カタール・リヤル ق.ر	29.81 円	紙幣にはすべて、ダウ船、ヤシの木のある島、国章があしらわれている。
カナダ	カナダ・ドル $	82.97 円	紙幣にはエリザベス2世（写真）、カナダ初代首相ジョン＝マクドナルドなどが描かれている。
ガボン	CFA フラン (BEAC) Fr	0.19 円	CFA フランは、西アフリカ、中部アフリカ地域の旧フランス植民地を中心とする多くの国で用いられる共同通貨（5種類発行）。
カメルーン	CFA フラン (BEAC) Fr	0.19 円	CFA フランは、西アフリカ、中部アフリカ地域の旧フランス植民地を中心とする多くの国で用いられる共同通貨（5種類発行）。
ガンビア	ダラシ D	2.17 円	紙幣の肖像はすべて第2代大統領ヤヒヤ＝ジャメで、ガンビア固有の鳥が中央に描かれている。
カンボジア	リエル ៛	0.03 円	紙幣の肖像は、500リエルがノロドム＝シハモニ国王、それ以外はシハヌーク元国王。写真は、若かりしころのシハヌーク。
 キ 北マケドニア 共和国	マケドニア・デナル ден	1.97 円	紙幣にはエジプト神話の女神イシスの胴体の大理石像、ヘレニズム時代のストビ遺跡に残るクジャクのモザイク画、「受胎告知」の大天使ガブリエルなどが描かれている。
ギニア	ギニア・フラン Fr	0.01 円	―
ギニアビサウ	CFA フラン (BCEAO) Fr	0.19 円	CFA フランは、西アフリカ、中部アフリカ地域の旧フランス植民地を中心とする多くの国で用いられる共同通貨（5種類発行）。
キプロス	ユーロ €	121.70 円	キプロスのユーロ硬貨には3種類のデザインがある。1ユーロ、2ユーロ硬貨にはポモスの神像と呼ばれる偶像があしらわれている。
キューバ	キューバ・ペソ $	108.82 円	―

国名	通貨単位 / 単位記号	1単位あたり(円)	流通している貨幣について
ギリシャ	ユーロ / €	121.70円	硬貨は8種類ともデザインが異なる。2ユーロ硬貨には、ギリシャ神話のエウロパがデザインされている。
キリバス	オーストラリア・ドル / $	75.86円	紙幣にはエリザベス2世、オーストラリアの政治家ヘンリー＝パークスなどの肖像のほか、豪州国会議事堂などが描かれている。
キルギス	ソム / сом	1.56円	紙幣の肖像は詩人のトゴロク＝モルドや、国民的吟遊詩人トクトグル＝サティルガノフ（写真）など。
グアテマラ	ケツァル / Q	13.81円	通貨単位はグアテマラの国鳥ケツァールに由来する。紙幣の肖像は第16代大統領ホセ＝マリア＝オレヤナ、第8代大統領ミゲル＝グラナドスなど。
クウェート	クウェート・ディナール	357.32円	紙幣には、クウェートタワーや、クウェート最大のモスクであるグランドモスクなどが描かれている。
グレナダ	東カリブ・ドル / $	40.30円	東カリブ・ドルは、カリブ海の8つの国家と地域で使用されている。硬貨・紙幣とも、エリザベス2世の肖像があしらわれている。
クロアチア	クーナ / kn	16.48円	紙幣の肖像は、クロアチアの政治家スチェパン＝ラディチ（写真）、詩人のイワン＝マズラニクなど。
ケニア	ケニア・シリング / S	1.06円	2019年に発行された新紙幣には、額面により「教育」や「農業」など異なるテーマの絵が描かれている。
コートジボワール	CFAフラン（BCEAO）/ Fr	0.19円	CFAフランは、西アフリカ、中部アフリカ地域の旧フランス植民地を中心とする多くの国で用いられる共同通貨（5種類発行）。
コスタリカ	コロン / ₡	0.18円	紙幣の肖像は、第23代大統領リカルド＝ヒメネス、国歌を作曲したマニュエル＝マリア＝グティエーレスなど。
コソボ	ユーロ / €	121.70円	2002年からユーロを利用しているが、欧州連合との正式な協約によるものではないため発行権を持たない。

資料編　世界の通貨

国名	通貨単位 / 単位記号		1単位あたり(円)	流通している貨幣について
コモロ	コモロ・フラン	Fr	0.25 円	紙幣には、近海でたびたび捕獲（ほかく）されるシーラカンス、モスクと市場などがデザインされている。
コロンビア	ペソ	$	0.03 円	紙幣の肖像は、「南アメリカ解放の父」といわれるシモン＝ボリバル、画家で陶芸家のデボラ＝アランゴ（写真）など。
コンゴ共和国	CFA フラン (BEAC)	Fr	0.19 円	CFA フランは、西アフリカ、中部アフリカ地域の旧フランス植民地を中心とする多くの国で用いられる共同通貨（5種類発行）。
コンゴ民主（みんしゅ）共和国	コンゴ・フラン	Fr	0.06 円	紙幣にはコンゴ民主共和国などに居住するチョクウェ族の伝統的なお面、象、民芸品、オウムなどがデザインされている。
サ サウジアラビア	サウジアラビア・リヤル	ﺱ.ﺭ	28.94 円	紙幣の肖像は初代国王アブドゥルアズィーズ＝イブン＝サウード、第6代国王アブドゥッラー＝ビン＝アブドゥルアズィーズ。
サモア	サモア・タラ	S$	40.23 円	紙幣のモチーフはラグビーのサモア代表チーム、サモアの砂浜の風景（写真）など。
サントメ・プリンシペ	ドブラ	Db	4.96 円	2018 年に、固有動植物を描いた新紙幣が発行された。また、5ドブラ、10ドブラ紙幣は合成樹脂を使用したポリマー紙幣となった。
ザンビア	ザンビア・クワチャ	ZK	8.60 円	2003 年にアフリカ初のポリマー紙幣が発行された。紙幣にはすべて、国鳥サンショクウミワシが描かれている。
サンマリノ	ユーロ	€	121.70 円	硬貨は8種類ともデザインが異なり、2ユーロ硬貨には国名の由来となった石工、聖マリノの肖像があしらわれている。
シ シエラレオネ	レオン	Le	0.01 円	紙幣の肖像はイスラームの聖職者バイ＝ビューリー、ジャーナリストで政治家のウォレス＝ジョンソンなど。

※国名や通貨単位などは 2020 年 7 月現在の情報です。また、1 単位あたりのレートは『データブック オブ・ザ・ワールド 2020』（二宮書店）をもとにしています。

国名	通貨単位／単位記号		1 単位あたり (円)	流通している貨幣について
ジブチ	ジブチ・フラン	Fr	0.61 円	―
ジャマイカ	ジャマイカドル	$	0.82 円	紙幣の肖像は首相を務めたドナルド＝サングスター、奴隷解放のための反乱を指導したサミエル＝シャープ（写真）など。
ジョージア	ラリ	₾	37.92 円	紙幣の肖像は 12〜13 世紀の詩人ショタ＝ルスタヴェリ、19 世紀末ごろに活躍した芸術家ニコ＝ピロスマニなど。
シリア	シリア・ポンド	£ および ل.س	0.51 円	紙幣にはアサド大統領の肖像、古代都市ボスラ、ダマスカスのオペラハウスなどが描かれている。
シンガポール	シンガポール・ドル	$	79.72 円	紙幣にはすべて、ユソフ＝ビン＝イサーク初代大統領の肖像が描かれている。
ジンバブエ	米ドル	$	108.52 円	かつては国が発行した法定通貨が流通しており、急激なインフレのため、2009 年には 90 種類の紙幣が発行された。2015 年 6 月にジンバブエ・ドルが廃止された。
ス スーダン	スーダン・ポンド	£	2.41 円	8 種類の紙幣が流通している。写真は 1 ポンド紙幣。
スイス	スイス・フラン	SFr	109.41 円	「金よりも堅い」といわれるほど、世界でも安定した通貨となっている。50 スイスフラン紙幣はタンポポと気流のデザイン（写真）。
スウェーデン	スウェーデン・クローナ	kr	11.51 円	紙幣の肖像は、『長くつ下のピッピ』の作者アストリッド＝リンドグレーン（写真）や女優のグレタ＝ガルボなど。
スペイン	ユーロ	€	121.70 円	スペインのユーロ硬貨には 3 種類のデザインがあり、1 ユーロ、2 ユーロ硬貨には国家元首フェリペ 6 世があしらわれている。

資料編　世界の通貨

131

国名	通貨単位 / 単位記号		1単位あたり(円)	流通している貨幣について
スリナム	スリナム・ドル	$	14.47 円	―
スリランカ	ルピー	₨	0.61 円	紙幣の表面には「繁栄」と「発展」の象徴である橋や港が描かれている。コロンボ港(写真)は日本のODAにより建設された。
スロバキア	ユーロ	€	121.70 円	3種類のデザインがあり、スロバキアの紋章でもあるダブルクロスと、3つの山(タトラ、マトラ、ファトラ)があしらわれている。
スロベニア	ユーロ	€	121.70 円	8種類ともすべて異なるデザインで、コウノトリ、国会議事堂、詩人プレシェレンの肖像などのモチーフがあしらわれている。
セ セーシェル	セーシェル・ルピー	SR	7.49 円	2016年12月に独立40周年を記念して、「ユニークな生物多様性」をテーマとした硬貨、紙幣に刷新された。タイガーカメレオンなど、セーシェルならではの生物が描かれている。
赤道ギニア	CFA フラン (BEAC)	Fr	0.19 円	CFA フランは、西アフリカ、中部アフリカ地域の旧フランス植民地を中心とする多くの国で用いられる共同通貨(5種類発行)。
セネガル	CFA フラン (BCEAO)	Fr	0.19 円	CFA フランは、西アフリカ、中部アフリカ地域の旧フランス植民地を中心とする多くの国で用いられる共同通貨(5種類発行)。
セルビア	ディナール	Din. および ДИН	1.03 円	肖像は言語学者のヴーク = ステファノヴィチ = カラジッチ(写真)、電気技師で発明家のニコラ = テスラなど。
セントクリストファー・ネービス	東カリブ・ドル	$	40.30 円	東カリブ・ドルは、カリブ海の8つの国家と地域で使用されている。硬貨・紙幣とも、エリザベス2世の肖像があしらわれている。
セントビンセント及びグレナディーン諸島	東カリブ・ドル	$	40.30 円	〃

※国名や通貨単位などは 2020 年 7 月現在の情報です。また、1 単位あたりのレートは『データブック オブ・ザ・ワールド 2020』（二宮書店）をもとにしています。

国名	通貨単位 / 単位記号	1 単位あたり(円)	流通している貨幣について
セントルシア	東カリブ・ドル / $	40.30 円	東カリブ・ドルは、カリブ海の 8 つの国家と地域で使用されている。硬貨・紙幣とも、エリザベス 2 世の肖像があしらわれている。
ソ ソマリア	ソマリア・シリング / So. Sh.	0.18 円	―
ソロモン諸島	ソロモン・ドル / $	12.87 円	紙幣には、ソロモン諸島東部のシンボルであるグンカンドリとマライタ島のシンボルであるワシが描かれた盾の左右にワニとサメを配置した国章があしらわれている。
タ タイ	バーツ / ฿	3.52 円	すべての硬貨および紙幣に、ラーマ 9 世の肖像が用いられている。
大韓民国	ウォン / ₩	0.09 円	紙幣の肖像はハングルの制定を行った世宗大王（写真）、李氏朝鮮の儒学者李滉など。
台湾（中華民国）	新台湾ドル / NT$	3.50 円	硬貨、紙幣の肖像となっているのは中華民国国父と呼ばれる孫文（写真）と、孫文の後継者として中華民国の統一をはたした蔣介石。
タジキスタン	ソモニ / SM	11.47 円	紙幣の肖像は作家のサドリニン＝アイニー、ペルシャの哲学者・医者・科学者であるイブン＝スィーナーなど。
タンザニア	タンザニア・シリング / Tsh	0.05 円	紙幣の肖像はザンジバル（現在のタンザニアの一部地域）初代大統領アベイド＝カルメなど。
チ チェコ	チェコ・コルナ / Kč	4.77 円	紙幣の肖像は文人皇帝として知られるカール 4 世（写真）、建国者かつ初代大統領のトマーシュ＝ガリッグ＝マサリクなど。
チャド	CFA フラン（BEAC） / Fr	0.19 円	CFA フランは、西アフリカ、中部アフリカ地域の旧フランス植民地を中心とする多くの国で用いられる共同通貨（5 種類発行）。

資料編　世界の通貨

国名	通貨単位 / 単位記号		1単位あたり(円)	流通している貨幣について
中央アフリカ ちゅうおう	CFAフラン (BEAC)	Fr	0.19円	CFAフランは、西アフリカ、中部アフリカ地域の旧フランス植民地を中心とする多くの国で用いられる共同通貨（5種類発行）。
中華人民共和国 ちゅうかじんみん	人民元 げん	¥	15.76円	紙幣の肖像はすべて、中華人民共和国の建国者である毛沢東国家主席。
チュニジア	チュニジア・ディナール	.د.ت	37.25円	紙幣の肖像は歴史家で政治家のイブン＝ハルドゥーン、宗教大臣アリ＝チェッビ、カルタゴの将軍ハンニバル（写真）など。
朝鮮民主主義 ちょうせん 人民共和国 （北朝鮮）	ウォン	₩	0.81円	硬貨には国章とツツジ、モクレンなどがデザインされている。紙幣の図柄は朝鮮民主主義人民共和国の建国者である金日成国家主席の肖像や、金日成の生家など。 キムイルソン
チリ	ペソ	$	0.16円	紙幣の肖像はチリの独立指導者マヌエル＝ロドリゲス、太平洋戦争のときの英雄イグナシオ＝カレラ＝ピント（写真）など。 えいゆう
ツ ツバル	オーストラリア・ドル	$	75.86円	紙幣はオーストラリア・ドルを使用し、硬貨はオーストラリア・ドルと等価で発行されている。硬貨には巻き貝、ウミガメなど海洋生物がデザインされている。
テ デンマーク	デンマーク・クローネ	kr	16.31円	硬貨には伝統的に国王の肖像が用いられている。紙幣にはクニベルスブロー橋、サリングサンド橋（写真）などが描かれている。
ト トーゴ	CFAフラン (BCEAO)	Fr	0.19円	CFAフランは、西アフリカ、中部アフリカ地域の旧フランス植民地を中心とする多くの国で用いられる共同通貨（5種類発行）。
ドイツ	ユーロ	€	121.70円	3種類のデザインがあり、1ユーロと2ユーロ硬貨にはドイツの国章であるワシのモチーフがあしらわれている。
ドミニカ国	東カリブ・ドル	$	40.30円	東カリブ・ドルは、カリブ海の8つの国家と地域で使用されている。硬貨・紙幣とも、エリザベス2世の肖像があしらわれている。

国名	通貨単位 / 単位記号		1単位あたり(円)	流通している貨幣について
ドミニカ共和国	ペソ	$	2.12 円	紙幣には、ドミニカ独立の指導者グレゴリオ＝ルペロン、コロンブスの遺体が安置されているサンタ・マリア・ラ・メノル大聖堂などが描かれている。
トリニダード・トバゴ	トリニダード・トバゴ・ドル	$	16.04 円	すべての紙幣に、盾の左右に国鳥のスカーレット・アイビスとコクリコが配置された国章がデザインされている。
トルクメニスタン	マナト	m	30.58 円	紙幣には初代大統領サパルムラト＝ニヤゾフ、セルジューク朝の創始者トゥグリル＝ベグ（写真）などの肖像が描かれている。
トルコ	トルコ・リラ	も	19.06 円	紙幣の肖像はすべて、トルコ共和国初代大統領のムスタファ＝ケマル＝アタテュルク。
トンガ	パ・アンガ	T$	46.45 円	硬貨にはおもに、トマトやバナナ、とうもろこしなどの農作物がデザインされている。紙幣の肖像はすべて国王トゥポウ6世。
ナ ナイジェリア	ナイラ	₦	0.30 円	紙幣の肖像は、ナイジェリアの教育者アレバン＝イコク、初代にして唯一の首相アブバカル＝タファワ＝バレワ（写真）など。
ナウル	オーストラリア・ドル	$	75.86 円	硬貨の表面はすべてエリザベス2世の肖像。1ドル硬貨の裏面にはカンガルーがデザインされている（写真）。
ナミビア	ナミビア・ドル	$	7.67 円	すべての硬貨に国章があしらわれている。紙幣の肖像は、初代大統領のサム＝ヌジョマ、ドイツ人による虐殺事件に対する反乱の中心となったヘンドリック＝ヴィトボイなど。
ニ ニウエ	ニュージーランド・ドル	$	72.01 円	紙幣の表面はエリザベス2世などの肖像、裏面はキンメペンギンやニュージーランドファルコンなど。
ニカラグア	コルドバ	$	3.25 円	すべての硬貨に国章があしらわれている。紙幣にはサルバドールアジェンデ港、モラヴィア教会、グラナダ大聖堂などの風景が描かれている。

資料編　世界の通貨

国名	通貨単位 単位記号	1単位 あたり(円)	流通している貨幣について
ニジェール	CFA フラン (BCEAO) Fr	0.19円	CFA フランは、西アフリカ、中部アフリカ地域の旧フランス植民地を中心とする多くの国で用いられる共同通貨（5種類発行）。
日本	円 ¥	1.00円	2024（令和6）年より千円券（写真）、五千円券、一万円券の肖像が刷新される。
ニュージーランド	ニュージーランド・ドル $	72.01円	紙幣の表面はエリザベス2世などの肖像、裏面はキンメペンギンやニュージーランドファルコンなど。
ネ ネパール	ネパール・ルピー Rs.	0.98円	紙幣の表面にはすべてエベレストが描かれている。裏面は象、サイ、インパラなどの動物。
ノ ノルウェー	ノルウェー・クローネ kr	12.57円	2017年より紙幣が刷新され、船や灯台、海洋生物をモチーフとした「海洋」をテーマにしたデザインとなっている。硬貨には、日本と同じように穴あきのものもある。
ハ バーレーン	バーレーン・ディナール ب.د	286.90円	1992年より、複数の金属を使用するバイカラー・クラッド技術が導入された。紙幣には旧バーレーン裁判所、バーレーン・インターナショナル・サーキットなどが描かれている。
ハイチ	グルド G	1.15円	硬貨の表面にはすべて国章があしらわれている。紙幣の肖像はハイチ王国国王となったアンリ＝クリストフ、ハイチ独立運動指導者ジャン＝ジャック＝デサリーヌなど。
パキスタン	パキスタン・ルピー Rs	0.68円	紙幣の表面はすべて、「パキスタン建国の父」と呼ばれる初代総督ムハンマド＝アリー＝ジンナーの肖像、裏面はモヘンジョ・ダロ、パキスタン国立銀行など。
バチカン	ユーロ €	121.70円	バチカンのユーロ硬貨は教皇がかわるたびにデザインが変更される。現在の硬貨にはすべてベネディクト16世の肖像があしらわれている。
パナマ	バルボア B/.	108.82円	1バルボア硬貨のモチーフは、スペインの探検家バスコ＝ヌーニェス＝デ＝バルボア。紙幣はUSドルを使用。

国名	通貨単位 単位記号		1 単位 あたり（円）	流通している貨幣について
バヌアツ	バツ	VT	0.95 円	硬貨、紙幣ともに、国章となっている山の上に立つ伝統的な戦士の姿があしらわれている。
バハマ	バハマ・ドル	$	108.82 円	硬貨はヨットやイルカ、パイナップルやヒトデなどがあしらわれた南国らしいデザイン。紙幣の肖像は初代首相リンデン＝ピンドリング、エリザベス 2 世など。
パプアニューギニア	キナ	K	31.40 円	硬貨には日本と同じように穴あきのものもある。紙幣の表面にはすべて国会議事堂が描かれている（写真）。
パラオ	米ドル	$	108.52 円	硬貨は 6 種類発行されている。紙幣にはジョージ＝ワシントン、トーマス＝ジェファーソン（写真）など著名な政治家が描かれている。
パラグアイ	グアラニー	₲	0.02 円	紙幣の肖像は三国同盟戦争によって荒廃した教育制度を再構築したスペパッティ姉妹、初代大統領カルロス＝アントニオ＝ロペスなど。
バルバドス	バルバドス・ドル	$	54.35 円	硬貨にはすべて国章があしらわれ、1 ドル硬貨は正七角形。紙幣の肖像は農学者ジョン＝レッドマン＝ボーヴェル、医師で政治家のチャールズ＝ダンカン＝オニールなど。
パレスチナ	新シェケル	₪	30.37 円	硬貨、紙幣ともイスラエルと共通。紙幣の肖像は詩人シャウル＝チェルニホフスキー（写真）、同じく詩人のナタン＝アルテルマンなど。
ハンガリー	フォリント	Ft	0.37 円	紙幣の肖像は中世ハンガリーの最盛期を築いたマーチャーシュ 1 世、反ハプスブルク家反乱の指導者ベトレン＝ガーボルなど。
バングラデシュ	タカ	৲ および ৳	1.26 円	硬貨にはすべて国章があしらわれている。紙幣の表面にはすべて初代大統領ムジブル＝ラフマンの肖像が、裏面にはクシュンバモスクや国会議事堂などが描かれている。
ヒ 東ティモール	米ドル	$	108.52 円	硬貨は 6 種類発行されている。紙幣には、ジョージ＝ワシントン、エイブラハム＝リンカーン（写真）などが描かれている。

国名	通貨単位 / 単位記号	1単位あたり(円)	流通している貨幣について
フ ブータン	ニュルタム Nu	1.59 円	硬貨は3種類、紙幣は8種類流通している。1ニュルタム紙幣には龍があしらわれている。
フィジー	フィジードル $	50.27 円	2013年より硬貨、紙幣ともに刷新され、魚、インコ、コウモリ、イグアナなど、フィジーの動植物をモチーフにしたデザインになった。
フィリピン	ペソ ₱	2.12 円	紙幣の肖像は「フィリピン語の父」と呼ばれる政治家のマニュエル＝ケソン（写真）、第3代大統領セルヒオ＝オスメニャなど。
フィンランド	ユーロ €	121.70 円	3種類のデザインがあり、2ユーロ硬貨はクラウドベリーの実と花がモチーフ。
ブラジル	レアル R$	28.51 円	7種類ある紙幣のデザインはほぼ同じで、2レアル紙幣にはブラジルの象徴とされる彫刻リパブリカが描かれている。
フランス	ユーロ €	121.70 円	3種類のデザインがある。2ユーロ硬貨の絵柄は生命の樹で「自由、平等、博愛」というフランス革命のモットーが刻まれている。
ブルガリア	レフ лв	63.36 円	1レフ以外の硬貨には世界遺産登録のマダラの騎士像が刻まれ、紙幣の肖像は「現代ブルガリアの父」と呼ばれるペトル＝ベロン、画家のイワン＝ミレフなど。
ブルキナファソ	CFA フラン (BCEAO) Fr	0.19 円	CFA フランは、西アフリカ、中部アフリカ地域の旧フランス植民地を中心とする多くの国で用いられる共同通貨（5種類発行）。
ブルネイ	ブルネイ・ドル $	79.72 円	硬貨、紙幣の肖像はすべてハサナル＝ボルキア国王。在位期間は50年以上にもおよび、エリザベス2世女王に次ぐ長さである。
ブルンジ	ブルンジ・フラン Fr	0.06 円	紙幣には牛やバナナの木、パイナップルなどの動植物、コーヒー豆の栽培、民族舞踊などを行う様子が描かれている。

国名	通貨単位 / 単位記号		1 単位あたり (円)	流通している貨幣について
へ ベトナム	ドン	đ	0.005 円	現在発行されている紙幣の肖像はすべて、ベトナム民主共和国の初代主席ホーチミン。貨幣は流通していない。
ベナン	CFA フラン (BCEAO)	Fr	0.19 円	CFA フランは、西アフリカ、中部アフリカ地域の旧フランス植民地を中心とする多くの国で用いられる共同通貨（5 種類発行）。
ベネズエラ	ボリバル・フエルテ	Bs.F	0.00 円	急激なインフレにより 2018 年に 1/100,000 のデノミネーション*を実施して、現在のボリバル・フエルテを導入した。 *金額表示が大きくなりすぎたとき、その通貨単位を切り下げる（金額の桁数表示を小さくする）こと。その逆もある。
ベラルーシ	ベラルーシ・ルーブル	p.	52.94 円	急激なインフレにより 2016 年に 1/10,000 のデノミネーションを実施して、現在のベラルーシ・ルーブルを導入した。
ベリーズ	ベリーズ・ドル	$	52.80 円	紙幣の表面はすべてエリザベス 2 世の肖像、裏面にはマヤ遺跡群などが描かれている。
ペルー	ソル	S/.	33.09 円	紙幣にはカトリック教会の聖人リマのローザ、飛行士ホセ＝アベラルド＝キニョーネス＝ゴンサレス（写真）などが描かれている。
ベルギー	ユーロ	€	121.70 円	君主制ベルギーのユーロ硬貨は、すべてフィリップ国王の肖像があしらわれている。
ホ ポーランド	ズロチ	zł	28.67 円	紙幣にはミェシュコ 1 世（写真）、ボレスワフ 1 世、カジミェシュ 3 世など国王が描かれている。
ボスニア・ヘルツェゴビナ	兌換マルク	KM および KM	62.36 円	200 兌換マルク以外の紙幣はボスニア・ヘルツェゴビナ連邦版とスルプスカ共和国版の 2 種類がある。
ボツワナ	プラ	P	10.17 円	紙幣の肖像は第 4 代大統領イアン＝カーマ、国家の作詞・作曲者カレマン＝モツェテ、初代大統領セレツェ＝カーマなど。

国名	通貨単位 単位記号	1単位 あたり(円)	流通している貨幣について
ボリビア	ボリビアノス Bs	15.35円	2ボリビアーノ硬貨はステンレス製で、11角形（写真）。紙幣の肖像はフェミニスト運動の先駆者アデラ゠ザムディオなど。
ポルトガル	ユーロ €	121.70円	初代国王アフォンソの印章をモチーフにしていて、その周りには7つの城と5つの紋があしらわれている。
香港 (ホンコン)	香港ドル HK$	13.95円	10ドル（写真）以外は、3つの銀行が独自に紙幣を発行しているため、同じ額面でも3種類の紙幣が存在する。
ホンジュラス	レンピーラ L	4.37円	紙幣の表面にはレンカ族の首長レンピラ、マルコ゠アウレリオ゠ソト大統領など、偉人の肖像が描かれている。2010年より20レンピラ紙幣をポリマー紙幣で発行。
マ マーシャル諸島	米ドル $	108.52円	硬貨は6種類発行されている。紙幣には、ジョージ゠ワシントン、アレキサンダー゠ハミルトン（写真）などが描かれている。
マカオ	パタカ P	13.53円	大西洋銀行と中国銀行がそれぞれ紙幣を発行しているため、デザインの違う2種類の紙幣が流通している。硬貨は円形だけでなく8角形や12角形のものもある。
マダガスカル	アリアリ Ar	0.03円	紙幣にはベツィボカ橋、エホアラ港、ラノマファナ国立公園など風景のほか、ザトウクジラ、キツネザルなど動物が描かれている。
マラウイ	マラウイ・クワチャ MK	0.14円	紙幣の肖像はマラウイ独立運動の指導者レザロ゠モクゾジェレ、民族主義者のフィリップ゠ジトンガ゠マセコ、初代大統領ヘイスティングズ゠カムズ゠バンダなど。
マリ	CFAフラン （BCEAO） Fr	0.19円	CFAフランは、西アフリカ、中部アフリカ地域の旧フランス植民地を中心とする多くの国で用いられる共同通貨（5種類発行）。
マルタ	ユーロ €	121.70円	3種類のデザインがある。1ユーロ、2ユーロ硬貨には、聖ヨハネ騎士団の象徴であるマルタ十字があしらわれている。

国名	通貨単位／単位記号		1単位あたり(円)	流通している貨幣について
マレーシア	リンギット	RM	26.19 円	すべての紙幣に初代国王トゥアンク＝アブドゥル＝ラーマンの肖像が描かれており、ポリマー紙幣も一部に導入されている。
ミ ミクロネシア連邦	米ドル	$	108.52 円	硬貨は6種類発行されている。紙幣には、ジョージ＝ワシントン、アンドリュー＝ジャクソン（写真）などが描かれている。
南アフリカ	ランド	R	7.67 円	すべての紙幣の表面に南アフリカ初の黒人大統領ネルソン＝マンデラの肖像が、裏面には象やライオンなどが描かれている。
南スーダン	南スーダン・ポンド	£	0.83 円	2011 年にスーダン共和国から独立してできた、世界で一番新しい国。紙幣にはキール大統領が描かれている。
ミャンマー	チャット	K	0.07 円	紙幣には象、チンシーと呼ばれる獅子像などが描かれている。2014 年には、日本とミャンマーの外交関係樹立 60 周年を記念する銀貨の製造を日本が行った。
メ メキシコ	ペソ	$	5.74 円	紙幣の肖像はメキシコの先住民族からの初の大統領ベニート＝フアレス（写真）、独立革命の指導者ホセ＝マリア＝モレーロスなど。
モ モーリシャス	モーリシャス・ルピー	Rs	3.04 円	紙幣にはモーリシャス解放軍の指令官ジョセフ＝モーリス＝パトラン、モーリシャスの労働活動家シーネバッセンなどの肖像が描かれている。
モーリタニア	ウギア	UM	2.94 円	1960 年のフランからの独立当初は CFA フランを使用していたが、1973 年に CFA 圏から離脱し、独自の通貨ウギアを導入した。
モザンビーク	メティカル	MTn	1.73 円	現在発行されている紙幣の肖像はすべてサモラ＝マシェル初代大統領。
モナコ	ユーロ	€	121.70 円	3種類のデザインがある。1ユーロ、2ユーロ硬貨はモナコ大公アルベール2世の肖像があしらわれている。

資料編　世界の通貨

国名	通貨単位 単位記号		1単位 あたり(円)	流通している貨幣について
モルディブ	ルフィア	Rf および ﬞ.	6.91 円	紙幣の表面にはサッカーをする人、ヤシの木にのぼる人、漁をする人などが、裏面には巻貝や民族楽器、灯台などが描かれている。
モルドバ	モルドバ・レイ	L	6.04 円	紙幣にはすべてシュテファン大公の肖像が描かれている。50年近く在位し、ルーマニア正教会に多数の教会・修道院を献じた。
モロッコ	モロッコ・ディルハム	ﮓ.ﮗ.	11.37 円	硬貨の裏面は、国章（アトラス山脈と太陽と五芒星の描かれた盾を、2頭のライオンが支えるデザイン）。
モンゴル	トグログ	₮	0.04 円	紙幣にはすべて初代モンゴル帝国皇帝チンギス＝ハンの肖像が描かれている。
モンテネグロ	ユーロ	€	121.70 円	ユーロが流通しているが、正式な加盟国ではないので、モンテネグロ独自のデザインがほどこされた硬貨は存在しない。
ヨ ヨルダン	ヨルダン・ディナール	ﺪ.ا	153.48 円	紙幣の肖像は、オスマン帝国からのアラブ独立運動の指導者だったフサイン＝イブン＝アリなど。
ラ ラオス	キープ	₭	0.01 円	2,000キップ以上の紙幣の肖像は初代首相カイソーン＝ポムウィハーン。写真は500キップ裏面に描かれている近代灌漑施設。
ラトビア	ユーロ	€	121.70 円	1ユーロ、2ユーロ硬貨には、旧通貨であるラッツ硬貨に描かれていた「ラトビアの乙女」があしらわれている。
リ リトアニア	ユーロ	€	121.70 円	すべての硬貨に国章である馬に乗った騎士ヴィーティスが描かれている。
リビア	リビア・ディナール	ﺩ.ل	76.58 円	1ディナール紙幣には平和の象徴であるハトが描かれている。

国名	通貨単位 / 単位記号	1 単位あたり(円)	流通している貨幣について	
リヒテンシュタイン	スイス・フラン / SFr	109.41円	「金よりも堅い」といわれるほど、世界でも安定した通貨となっている。20 スイスフラン紙幣はプリズムと星座がデザインされている（写真）。	
リベリア	リベリア・ドル / $	0.55円		紙幣の肖像は初代大統領ジョセフ＝ジェンキンス＝ロバーツ、第5代大統領エドワード＝ジェームズ＝ロイ（写真）など。
ル ルーマニア	レイ / L	25.78円		紙幣の肖像は第 56 代首相ニコラエ＝ヨルガ（写真）、ルーマニアの画家ニコラエ＝グリゴレスクなど。
ルクセンブルク	ユーロ / €	121.70円		3 種類のデザインがあるが、いずれも国家元首のアンリ大公の横顔が描かれている。
ルワンダ	ルワンダ・フラン / Fr	0.12円	1960 年までベルギー領コンゴ・フランが使われていた。現在のルワンダ・フランが導入されたのは 1964 年のこと。	
レ レソト	ロチ / L	7.67円	紙幣の肖像は初代首長モショエショエ1世、第3代国王モショエショエ2世、現国王レツィエ3世（第4代）など。	
レバノン	レバノン・ポンド / L.L. および J.J	0.07円	すべての硬貨に国章に用いられているレバノンスギがあしらわれている。	
ロ ロシア	ルーブル / ₽	1.70円		100 ルーブル紙幣の図柄は、モスクワのボリショイ劇場前のクアドリガ（ローマ帝国時代の車または戦車）。

資料編　世界の通貨

■ **執筆・監修　阿部 泉（あべ いずみ）**

1950（昭和25）年山形県鶴岡市生まれ。
1975年國學院大學大学院日本文学研究科修士課程修了。
1978年以来、埼玉県立高校教諭を勤め、2010年に定年退職。その間、地歴科実物教材の普及と活用に尽力。
現在はおもに和歌の歳時記や伝統的年中行事について研究。
［著　書］
『文学作品で学ぶ日本史』『日本史こぼれ話』（以上山川出版社）
『日本史モノ教材』『複製　解体新書・序図』『イギリスの新聞にのった薩英戦争と下関戦争』（以上地歴社）
『日本の歴史写真解説』『日本史歴史レプリカⅠ・Ⅱ』『謎トキ　日本史　写真・絵画が語る歴史』『日本史
授業で使いたい教材資料』『話したくなる　世界の国旗』『明日話したくなる　改元・元号』（以上清水書院）
『京都名所図絵』『和歌の自然歳時記』（以上つくばね舎）ほか多数

■ **参考文献**

『お札の文化史』植村峻著（ＮＴＴ出版、1994年）
『日本貨幣カタログ　2020』日本貨幣商協同組合（紀伊國屋書店、2019年）

■ **イラスト**

表紙・キャラ・本文イラスト：千坂まこ（株式会社ウエイド）
人物画・地図・作図：原囲鎮郎（株式会社ウエイド）

■ **表紙・本文デザイン**

木下春圭
DTP：菅野祥恵、六鹿沙希恵（株式会社ウエイド）

■ **編集協力**

山下暢之

定価はスリップに表示

明日話したくなる　お金の歴史

2020（令和2）年8月26日　初版発行
2021（令和3）年6月6日　2刷発行

執筆・監修　阿部 泉
発　行　者　野村久一郎

発　行　所　株式会社　清水書院
　　　　　　東京都千代田区飯田橋 3-11-6　〒102-0072
　　　　　　電話　　（03）5213-7151
　　　　　　振替口座　00130-3-5283
印　刷　所　広研印刷（株）